Knaur

Gabi Schierz ■ Gabi Vallenthin

LOW FETT 30
Die besten Rezepte

Knaur

Gabi Schierz ■ Gabi Vallenthin

LOW FETT 30
Die besten Rezepte

G30! FETT
max. 30% der Gesamtkalorien aus Fett

www.knaur-ratgeber.de

Inhalt

Einleitung

Jede Menge Rezepte

Glückwunsch: Mit diesem Doppelband, der die »100 einfachsten Rezepten« von LOW FETT 30 mit unserem Buch für »Naschkatzen« kombiniert, haben Sie eine ausgesprochen leckere und umfangreiche Rezeptesammlung in der Hand. Sie kann Ihnen beim gesünder leben helfen, ganz ohne Diät oder Mini-Portiönchen auf dem Teller.

LOW FETT 30 – ein langfristiges Ernährungskonzept

LOW FETT 30 ist ein Konzept, das den aktuellen Erkenntnissen aus der Ernährungsforschung Rechnung trägt. Leider gibt es immer noch nicht die Superpille, die uns allen die »Idealfigur« verpasst ... aber man weiß über Ernährung schon ganz erstaunliche Dinge.

Also: Lernen Sie bitte etwas über Ernährung – und versuchen Sie nicht, einfach »nur zu hungern«. Das ist die Autobahn zum Übergewicht!

Gewicht, egal, ob es zu hoch, normal oder zu niedrig ist, hat leider weit weniger mit essen zu tun, als wir bislang annahmen. Es gibt Menschen, die sind wirklich extrem dick, essen aber normal – und es gibt andere, die »futtern wie die Raupen«, sind superschlank ... und »teuer im Unterhalt«: weil sie den Inhalt von Kühlschrank und Vorratsschrank vertilgen, aber dabei nie lange satt sind. Auch nicht mit der Pizza, die nachts um zehn angeliefert werden muss.

Das Banalste gleich vorneweg:

Diäten funktionieren nur so lange, wie man sie durchhält. Was im Klartext heißt: Wenn Sie wieder in Ihre alten Muster zurückfallen, nehmen Sie alles, was Sie bis dahin abgenommen haben, munter wieder zu.

So klappt es mit der Wunschfigur

Wie immer Ihre Figur heute ist: Bauen Sie Bewegung in Ihren Tagesablauf mit ein. Selbst wenn es Ihnen jetzt am Anfang vielleicht schwer fällt: Ihr Körper gewöhnt sich daran. Und irgendwann wird es Ihnen genauso gehen wie uns: Ein paar Tage ohne Walking oder Fahrradfahren und man wird nervös und unruhig und will einfach nur noch hinaus an die frische Luft.

Leider gibt es keine Wundermittel – was allerdings nicht heißt, dass wir Ihnen die »Turbo-Kapseln mit der Fett-weg-Garantie« verbieten wollen. Die meisten sind nur ziemlich wirkungslos – dafür aber umso teurer. Sie sollten sich davon also nicht zu viel versprechen.

Mit LOW FETT 30 werden Sie eine weitere Erkenntnis gewinnen: Nur weil etwas gut schmeckt, muss es noch lange nicht ungesund sein bzw. langweilig schmecken. Im Gegenteil: Gesunde Gerichte können ganz fantastisch lecker sein!

Unser Gewicht – ein Kind mit vielen Vätern

Gewicht ist zunächst einmal der Indikator dafür, wie Nahrung und Bewegung in unseren höchst individuellen Stoffwechsel einfließen: Der eine kann »futtern« und auch keinen Sport machen, bekommt dabei aber trotzdem nichts auf die Rippen. Die wesentlich größere Zahl dagegen setzt Nahrung rasend schnell in Pölsterchen um – und selbst wenn sich diese Menschen dann beim Essen zügeln, keinen Alkohol trinken und sich sportlich betätigen, kann es ihnen passieren, dass sie nur mühsam im Schneckentempo abnehmen.

Falls Sie auch zu denen gehören, die jedes Nahrungsangebot direkt auf die Hüften packen, können Sie aufatmen: Es gibt auch für Sie wirksame Möglichkeiten, den Speckröllchen zu Leibe zu rücken.

Fangen Sie damit an, dass Sie nicht jedes Angebot an Nahrung auch wirklich wahrnehmen. Gewöhnen Sie sich einfach an, zu essen, wenn Sie Hunger haben, und nicht bereits dann, sobald irgendetwas Essbares in Reichweite liegt.

Die erste Regel von LOW FETT 30: Essen, wenn man Hunger hat.

Diese Regel ist leider die schwierigste:

Essen Sie, wenn Sie Hunger haben – aber nur dann. Essen Sie nicht aus Langeweile, nicht aus Frust und nicht, um »schönes Wetter« zu machen. Aber essen Sie, wenn der Magen knurrt. Setzen Sie sich dazu hin, essen Sie in Ruhe und mit Genuss. Essen Sie Dinge, die Ihnen schmecken, nicht nur Speisen, die ausschließlich »vernünftig« sind. Es gibt jede Menge absolut leckerer Lebensmittel und köstlicher Rezepte, die in unser Konzept passen. Sie müssen also nicht dauerhaft darben. LOW FETT 30 erlaubt hier ehrliche und praktikable Kompromisse!

Die zweite Regel: Aufhören, wenn man satt ist!

Die zweite Regel ist eine logische Folge der ersten: Hören Sie auf, wenn Sie satt sind. Sie sollen nicht mit hungrigem Magen aufstehen – aber Sie sollen sich nicht noch einen zweiten und einen dritten Teller nehmen, nur weil es so vorzüglich schmeckt.

Die dritte Regel: Alles ist LOW FETT 30

Alles, was Sie essen, soll LOW FETT 30 sein. Das heißt, jedes Gericht, jeder Snack, jede Mahlzeit, jeder Bissen soll nicht mehr als 30 Prozent der Kalorien (des Brennwertes) aus Fett beziehen – die Berechnung wird auf Seite 10 erklärt. Sie müssen da auch nichts mehr addieren, sondern einfach nur aufpassen, dass das, was Sie gerade auf dem Teller haben, für sich LOW FETT 30 ist.

Nehmen Sie also ein Produkt aus Ihrem Kühlschrank oder Ihrer Vorratskammer, bei dem eine Nährwerttabelle abgedruckt ist. Überall,

Und so berechnet man den Fett-Kalorien-Anteil nach LOW FETT 30:

$$\frac{\text{g Fett} \times 9\,\text{kcal} \times 100}{\text{Gesamtkalorien}} =$$

= % kcal aus Fett

wo Sie die Begriffe »light« oder »Diät« auf der Verpackung finden, muss auch eine Nährwertangabe vorhanden sein. Setzen Sie die Werte in die Formel ein:
Praktisches Beispiel dazu: Ein Jogolé-Joghurt (Fruchtjoghurt von Zott) hat 0,1 Gramm Fett und 79 kcal pro 100 Gramm. Das ergibt dann: 0,1 × 9 kcal × 100 : kcal = Prozent kcal aus Fett. Dieser Joghurt ist also LOW FETT 30. Essen Sie ihn, wenn Sie Hunger haben!

»Diät« ist nicht gleich LOW FETT 30

Sie werden beim Nachrechnen anderer Produkte feststellen, dass längst nicht jedes »Diät«-Produkt auch wirklich so wenig Fett hat, dass es LOW FETT 30 ist. Das liegt an der Lebensmittelkennzeichnungsverordnung: Jedes Produkt, das 30 Prozent weniger Fett oder Zucker hat als das originale Vergleichsprodukt des gleichen Herstellers, darf mit »light« gekennzeichnet werden. Wenn das Original nur fett genug ist (oder überwiegend aus Fett besteht wie Margarine oder Käse), reichen 30 Prozent weniger leider nicht aus, damit das jeweilige Produkt auch wirklich LOW FETT 30 wird, wie Sie spätestens bei »Light-Käse« und »Light-Margarine« feststellen werden. Hinter einer Auslobung mit »Diät« steckt meist ein Diabetikerprodukt; »Diät-Schokolade« wird anstelle des üblichen Zuckers mit Fruchtzucker hergestellt – da sich Fruchtzucker aber maschinell schwieriger verarbeiten lässt als Haushaltszucker, geben die Lebensmitteltechnologen noch mehr Fett bei der Produktion bei. Für einen Diabetiker ist das sicher eine Lösung, für jemanden, der abnehmen will, dagegen nicht. (Obwohl: Für Diabetiker des Typs 2 hat Abnehmen oberste Priorität. Früher setzte man nur den Zucker auf den Index, heute geht man diese Stoffwechselerkrankung anders an.)

Die LOW FETT 30-Ampel – Ihr praktischer Einkaufsführer

Damit Sie sich die mühselige Suche nach Nährwerttabellen sparen können, haben wir für Sie ein bisschen vorgearbeitet und die Nährwerte von über 5000 Lebensmitteln ermittelt und in der Nährwertampel zusammengestellt. Alle zwei Jahre wird die LOW FETT 30-Ampel aktualisiert und auf den Markt gebracht. Achten Sie darauf!

Nährwerte – es gibt keine absolute Wahrheit

Bei allem Streben nach Genauigkeit: Echte Nährwerte gibt es nicht. Sie werden immer wieder Abweichungen finden, sei es, dass sich Rezepturen verändern, sei es, dass sich Nährwerte durch Neuzüchtungen (so geschehen bei extra fettarm gezüchteten Schweinen) ändern. Schließlich ist es ja schon kaum möglich, von Hand exakt 100 Gramm abzuwiegen. Wenn Sie sich aber »zu Ihren Gunsten« vertun wollen, dann bei Kohlenhydratträgern wie Gemüse und Obst, Nudeln und Hülsenfrüchten, Reis und Kartoffeln. Fette Nahrungsmittel sollten Sie so exakt wie möglich abwiegen. Jedes Gramm zu viel verdirbt Ihre Bilanz – und Ihren Abnahmeerfolg.

Die Grundlagen

Es gibt drei verschiedene Nahrungsbausteine, die abhängig von ihrer Menge den Brennwert bzw. »die Gesamtkalorien« eines Lebensmittels ausmachen.

Die drei Bausteine unserer Nahrung sind:
- Kohlenhydrate
- Eiweiß
- Fett

Es wäre ganz einfach mit den Prozenten, wenn jeder der Bausteine die gleiche Kalorienzahl hätte. Das ist leider nicht so.
1 Gramm Kohlenhydrate = 4 kcal.
1 Gramm Eiweiß = 4 kcal.
1 Gramm Fett = 9 kcal.
Ein Gramm Fett hat mehr als doppelt so viele Kalorien wie Kohlenhydrate oder Eiweiß. Wenn Sie also anstelle eines Gramms Fett ein Gramm Kohlenhydrate oder ein Gramm Eiweiß essen, sparen Sie glatt fünf Kalorien pro Gramm ein.

LOW FETT 30-Rechenspielereien

30 Prozent der Kalorien aus Fett ist seit Jahrzehnten eine gültige Empfehlung der Deutschen Gesellschaft für Ernährung. Der bundesdeutsche Fettanteil in der Nahrung liegt allerdings bei rund 55 Prozent der Kalorien aus Fett. In Gramm Fett umgerechnet heißt das: Bei 2000 Kalorien (und die meisten von uns essen weit mehr als 2000 Kalorien pro Tag) bedeutet das, dass allein 1100 Kalorien aus Fett kommen – was etwa 122 Gramm Fett entspricht.
Bei einer Verminderung auf LOW FETT 30, sprich »maximal 30 Prozent der Kalorien aus Fett«, wären es nur noch 66 Gramm Fett. Ersetzt man die Differenz von 56 Gramm durch die entsprechende Anzahl Kohlenhydrate mit vier Kalorien pro Gramm, spart man so 300 Kalorien pro Tag ein – und es liegt nicht weniger auf dem Teller, eher mehr, denn Kohlenhydrate sind meist in Begleitung von Ballaststoffen und Wasser, wie in Brot, Reis, Nudeln, Gemüse oder Obst.

Selbst zu kochen lohnt sich!

Außer Haus irgendetwas zu essen – »mal eben zwischendurch« – ist zugegebenermaßen sehr verführerisch. Es wird uns ja auch so leicht gemacht mit dem großen Angebot an Fast Food, Pommes frites am Straßenrand, Pizzaecken in der Einkaufspassage und Würstchenbuden vor dem Baumarkt. Das Nahrungsmittelangebot in den Einkaufsmeilen unserer Städte hat in aller Regel eines gemeinsam: Es ist – von wenigen Ausnahmen abgesehen – entschieden zu fett. Investieren Sie die Zeit und kochen Sie wieder öfter selbst. Wenn Sie am Samstag mit den Kindern zum Einkaufen fahren, essen Sie anschließend zuhause.
Es gibt Studien, die besagen, dass man nur das Essen, das man wirklich im Sitzen zu sich ge-

nommen hat, auch als »Essen« registriert. Die gehaltvollen Häppchen aus der Fußgängerzone, egal ob Eis, Kuchen, gebackener Fisch, Reibekuchen oder Bratwurst, zählen wir überhaupt nicht richtig mit. Und da sie überwiegend leere Kalorien liefern, haben wir auch bald wieder genug Hunger, um noch »was Richtiges« zu essen.
Da auch Snackspezialisten mittlerweile erkannt haben, dass sich ihre Kunden gerne gesund ernähren, kennzeichnen bereits einige namhafte Unternehmen ihr Angebot mit unserem Logo – in enger Kooperation mit uns. Teilweise werden sogar Rezepturen nach unseren Vorgaben extra geändert, damit eine Pizzaecke oder eine überbackene Laugenstange eben DOCH noch LOW FETT 30 ist. Achten Sie einfach auf die entsprechenden Angebote oder informieren Sie sich vorab auf unseren Internetseiten.

Wer gut wählt, gewinnt!

Gesund trinken

Auf gesüßte Getränke verzichten Sie im Interesse Ihrer Bauchspeicheldrüse komplett. Man gewöhnt sich zum einen an die »Light«-Varianten und zum anderen auch ans Wassertrinken.

Von den drei Grundnährstoffen hat Fett auch das geringste Volumen, weil Fett von Mutter Natur als »Notration« vorgesehen ist. Fett ist ein richtiger Powerstoff: das geringste Volumen, die meisten Kalorien. Sparen Sie also Fett ein und essen Sie mehr Kohlenhydrate.

Die Lieferanten von Kohlenhydraten

Kohlenhydrate setzen sich aus Zuckermolekülen zusammen, die in Ketten aneinander gereiht vorliegen. Beim Verdauungsprozess werden die einzelnen Zuckermoleküle aus der Kettenform gelöst und stehen dem Organismus als »Benzin« für seinen »Normalbetrieb« zur Verfügung. Sämtliche Grundfunktionen unseres Körpers, wie Atmung, Herzschlag, Versorgung des Gehirns, werden über den Zucker abgedeckt – es sei denn, die Zuckerspeicher im Blut werden (z. B. durch Ausdauersport) so weit geleert, dass der Organismus auf andere Reserven (z. B. Fettröllchen) umschwenken muss. Gemüse, Salat, Obst, alle »Nährmittel«, wie Mehl, Nudeln, Reis, Ebly, Hülsenfrüchte, Zucker, Honig, bestehen aus Kohlenhydraten. Entscheiden Sie sich nach Möglichkeit für die vollwertigen Varianten von Brot, Reis und Nudeln und legen Sie einen Schwerpunkt auf Gemüse, Salat und Obst. Denn diese Lebensmittel enthalten Ballaststoffe, die die Verdauung fördern, den Darm pflegen und nachweislich den Cholesterinspiegel senken können. Zucker, Honig und fettarme Süßigkeiten sollten Sie dagegen nur in Maßen essen.
Aber: Wenn Sie einen richtigen Appetit auf Süßes haben (gerade am Anfang der Umstellung ist das so), sollten Sie ausschließlich LOW FETT 30-Süßigkeiten essen – und diese ohne schlechtes Gewissen genießen!
Obwohl es sich eigentlich von selbst versteht: Natürlich sollen Sie nicht mehr essen als vor-

her. Sie essen sich einfach genauso satt wie bisher – nur eben mit einem Schwerpunkt auf diesen Kohlenhydratelieferanten.

Die DGE empfiehlt, dass 55 Prozent der täglichen Kalorien mindestens aus (möglichst vollwertigen) Kohlenhydraten stammen sollen. Im Rahmen unseres betreuten Ernährungsprogramms dürfen Sie deshalb so viel Gemüse essen, wie Sie wollen – ohne Fett, versteht sich. Nur Avocados, Kartoffeln, Mais, Hülsenfrüchte und Oliven müssen Sie trotzdem in Ihre Kalorienbilanz aufnehmen.

Vom »richtigen« Gemüse sollten Sie mindestens 300 Gramm am Tag verzehren. Das macht einerseits wunderbar satt, andererseits sorgen die sekundären Pflanzenstoffe, die Vitamine und Spurenelemente im Gemüse automatisch dafür, dass Sie mit allen lebenswichtigen Stoffen versorgt werden.

Falls Sie mitunter ratlos sind, wie Sie so viel Gemüse unterbringen sollen: Gekochte und pürierte Gemüsesorten geben wunderbare cremige Suppen. Kürbis und Tomaten, Erbsenschoten und Zucchini müssen Sie nur noch ein bisschen würzen, fertig ist das Abendessen. Gerade im Winter wärmt das schön und macht herrlich satt. Im Sommer sind Gurken- und Möhrensticks, Selleriestangen, Kohlrabischeiben und Cherrytomaten toll zum Knabbern und versorgen Sie mit einer Extraportion Wasser. Obst ist aufgrund seines Zuckergehaltes nicht völlig »freigegeben«: Da aber gerade die heimischen Obstsorten wie Birnen, Äpfel, Pflaumen und Beeren aller Art reich an Ballaststoffen sind, können Sie auch davon – im Rahmen Ihrer Tagesbilanz – nach Lust und Laune essen. Ein großer Apfel hat den gleichen Brennwert wie ein kleiner Joghurt, 750 Erdbeeren haben noch weniger als ein Hamburger und ein Schälchen Pflaumen hat nicht mal so viel wie ein kleines Eis.

Die Lieferanten von Eiweiß

Fleisch, Fisch, Fleischwaren, Eier-Eiweiß, Milch- und Milchprodukte, Sojaprodukte, Hülsenfrüchte und Pilze liefern Ihnen Eiweiß. Laut der Deutschen Gesellschaft für Ernährung sollen 15 Prozent der täglichen Kalorien aus Eiweiß kommen, möglichst gleichmäßig verteilt auf pflanzliches und tierisches Eiweiß. Auch beim Eiweiß liegen wir nicht in den empfohlenen Vorgaben: Der Verzehr von tierischem Eiweiß ist durch die große Menge an Milchprodukten und Fleisch, die wir vertilgen, in Deutschland überproportional hoch, und pflanzliches Eiweiß nehmen wir kaum zu uns. Auch hier gilt es, ein bisschen umzudenken, ohne sich zu viel zuzumuten.

Die Lieferanten von Fett

Fett findet man in seiner Ursprungsform in fettem Fleisch und Fisch (z. B. Schweinenacken, Krustenbraten, Bratwurst, Aal, Karpfen), in Butter, Sahne und Schmand (und damit auch in Käse) sowie in Nüssen und Samen (z. B. Sesam, Leinsamen, Kürbis, Sonnenblumen). Während man tierisches Fett (vor allem fettes Fleisch und Milchfett) nach Möglichkeit komplett durch magere Alternativen ersetzen sollte, ist der Verzehr von pflanzlichem Fett für unseren Organismus wichtig. Wenngleich in kontrollierten Mengen! Man unterscheidet grob in gesättigte und ungesättigte Fette: Fettes Fleisch und Milchfett sind gesättigte Fette – Pflanzenfette setzen sich aus einfach und mehrfach ungesättigten Fetten zusammen.

Wichtige Fettsäuren

Ungesättigte Fette kann unser Körper nicht selbst bilden, er muss sie von außen über die Nahrung aufnehmen, denn sie sind für unseren Organismus lebensnotwendig – »essentiell«. Da aber gesunde Fette ebenfalls 9 kcal pro Gramm haben, ist eine exakte Dosierung erforderlich. Die Umsetzung ist eigentlich gar nicht so schwierig: Sie vermeiden rigoros tierisches Fett. Dann tauschen Sie die Butter, die Sie verwenden, durch Margarine aus (pflanzliches Fett). Achten Sie beim Einkaufen darauf, dass möglichst wenige gehärtete Fette in der Margarine sind – wir verwenden überwiegend Margarine aus dem Bioladen, die frei von Palm- und Kokosfetten ist (Palm- und Kokosfett bestehen überwiegend aus gesättigten Fettsäuren). Ihren Salat bereiten Sie ab sofort nicht mehr mit Sahne- oder Joghurt-Dressings zu, sondern mit einem Essig-Öl-Dressing, das Sie mit kaltgepresstem Olivenöl selbst herstellen. Um in den Genuss eines möglichst breiten Spektrums an wertvollen Fettsäuren zu kommen, sollten Sie beim Salatöl mit kaltgepresstem Weizenkeimöl, Leinöl oder Kürbiskernöl abwechseln. Kaufen Sie davon möglichst immer die kleinstmögliche Einheit, denn kaltgepresste Öle werden schnell ranzig. Falls Sie gerne Müsli mögen (ohne Zuckerzusatz!), können Sie auch noch einen Teelöffel Leinsamen, Nüsse oder Sonnenblumenkerne zugeben.

Seefisch auf den Teller!

Weitere Lieferanten von hochwertigen Fetten sind fette Seefische. Sie versorgen uns mit Omega-3- und Omega-6-Fettsäuren, die wir ebenfalls unbedingt benötigen. Unsere heimischen Fische liefern diese Fette nicht. Lachs, Makrele, Hering und die Sardine sind Fische mit einem hohen Anteil an diesen Fettsäuren. Essen Sie diese Fische aber nicht geräuchert oder als Konserve, sondern nach Möglichkeit roh (Graved Lachs, Sushi, Matjes), gedünstet oder gegrillt (frische Sardinen vom Grill sind im Sommer eine echte und dabei gesunde Delikatesse).

Trinken Sie Wasser!

Nachdem Sie jetzt die wichtigsten Regeln für die Auswahl von Nahrungsmitteln und ihre Zusammenstellung kennen gelernt haben, kommen wir zum Trinken. Wasser ist das natürlichste Getränk. Nein, jetzt bitte nicht aufstöhnen. Man kann sich wirklich ans Wassertrinken gewöhnen. Zwei Liter pro Tag sollten es mindestens sein, denn Wasser ist gut für Ihre Zellen, für Ihren Stoffwechsel, für Ihren kompletten Organismus. Unsere gesamten Körperfunktionen kommen mit Wasser so richtig in Schwung.

Wichtig: Sollten Sie zu den Menschen gehören, die häufig unter Kopfschmerzen leiden, werden Sie wahrscheinlich feststellen, dass sich das mit viel Wassertrinken ganz erstaunlich verbessert. Sie wären nicht die Erste, bei der Kopfschmerzen dank der getrunkenen zwei Liter Wasser täglich der Vergangenheit angehören.

Fruchtsaftschorlen für den Anfang

Wenn Ihnen das Wassertrinken sehr schwer fällt, mischen Sie Ihr Mineralwasser für den Anfang 1:1 mit ungezuckertem Fruchtsaft. Am besten mit Direktsaft aus der Kühlung, denn diese Säfte wurden besonders schonend verarbeitet und sind somit eine echte Alternative zu selbst gepresstem Saft. Wenn Sie sich daran gewöhnt haben – und Ihnen das schmeckt –, senken Sie den Fruchtsaftanteil langsam ab: ein Drittel Saft, ein Viertel Saft … Vielleicht schaffen Sie es ja auf diese Weise. Vielleicht schmeckt Ihnen einfach ein ganz bestimmtes Mineralwasser nicht, weil es zu viel oder zu wenig Kohlensäure hat, viel oder wenig Salz, viel oder wenig Magnesium etc. Je nach Mineralbrunnen weichen die Anteile an Mineralien und Spurenelementen erheblich voneinander ab. Probieren Sie einfach einmal verschiedene Sorten aus. Kleiner Tipp: Mineralwässer mit dem Vermerk »für die Zubereitung von Kindernahrung geeignet« sind besonders geschmacksneutral.

Tee und Kaffee

Schwarztee, Grüntee und Kaffee regen Ihren Organismus an. Trinken Sie allerdings zu viel davon, kann sich der »Muntermacher-Effekt« ins Gegenteil verkehren, und statt wach zu werden, könnten Sie nach einer weiteren Tasse Kaffee plötzlich herrlich schläfrig werden. Auch für Kaffee und Tee gilt: In Maßen genossen ist alles in Ordnung, Übertreibungen sind ungesund!

Früchtetee

Früchtetees sind ebenso wie Kräutermischungen und Rotbuschtees eine willkommene Alternative. Sollten Sie abends gerne Süßes naschen, können Sie sich das »Durchhalten« mithilfe von mit Süßstoff gesüßten Früchtetees erleichtern.

Alkohol

Stimmt: Alkohol hat kein Fett. Aber Alkohol bringt pro Gramm sieben Kalorien in die Bilanz ein. Sieben **leere** Kalorien, die Ihren Stoffwechsel blockieren, die enthemmen und verfressen machen. 100 Milliliter zwölfprozentiger Weißwein haben allein 84 kcal aus Alkohol (12 × 7 kcal) ... und mal Hand aufs Herz: Bleibt's bei 100 Millilitern? Ein Viertel ist es doch mindestens, oft genug eine halbe Flasche und mehr. Zwei Viertele laden Ihnen 420 Extra-Kalorien auf's Konto, die Erdnüsse, die Sie bei der dann folgenden Fressattacke noch vertilgen, nicht mitgerechnet! Meiden Sie also Alkohol, denn er stört den Stoffwechsel und macht auch noch Appetit! Wenn Sie feststellen, dass Ihnen der Verzicht auf die gewohnte abendliche Flasche Bier oder das Viertele Wein schwer fällt, ist das vielleicht genau der richtige Zeitpunkt, Ihre Lebens- und Essgewohnheiten noch ein bisschen zu überdenken.

Tipp (nicht nur) für Eltern

Gewöhnen Sie Ihre Kinder von klein auf an Wasser. Nehmen Sie gezuckerte Getränke komplett vom Plan, egal, ob es gezuckerter Saft, Tee, Eistee, Cola, Limo oder gezuckerter Kakao ist. Wenn Ihr Kind schon daran gewöhnt ist, schwenken Sie auf fertige Apfelschorle um – das ist zumindest ein Kompromiss –, aber einen Kinderkörper mit Zucker aus Getränken zu belasten, ist wirklich nicht nötig! Trinken Sie mit Ihrer Familie also bevorzugt Mineralwasser. Sollten Sie nur mit Mühe auf Ihre mindestens zwei Liter pro Tag kommen, stellen Sie einfach an allen »neuralgischen« Punkten Wasserflaschen auf und trinken Sie daraus, sobald Sie daran vorbeikommen!

Runter vom Sofa!

Sie haben es befürchtet: Bewegung ist wichtig, wenn Sie gesünder leben und Ihre Figur verbessern wollen. Bewegung bringt Ihren gesamten Stoffwechsel in Schwung, sorgt für eine bessere Verdauung und mehr Sauerstoff in den Zellen. Mit Bewegung bauen Sie Muskeln auf und Fett ab. Muskeln brauchen anschließend wieder mehr Brennstoff. Wer also einen höheren Muskelanteil hat, kann auch mehr Kalorien vertragen.

So macht Sport Spaß

Überfordern Sie sich nicht – und setzen Sie sich erreichbare Ziele. Vergessen Sie bitte jeden Leistungsaspekt in Richtung »schneller, höher, weiter«. Sie sollen Spaß am Sport haben, sich nicht überfordern oder überanstrengen. Die Zeit der Bundesjugendspiele ist vorbei! Bewegen Sie sich einfach, um einen lahmen Stoffwechsel wieder auf Normalkurs zu bringen.

Schritt 1: Der Eingangs-Check beim Arzt

Wenn Sie bislang ein Paradebeispiel der »Couch-Potatoes« waren oder längere Zeit keinen Sport mehr betrieben haben, schrecken Sie nicht davor zurück, damit wieder anzufangen. Zunächst einmal sollten Sie zum Arzt, bevor Sie loslegen. Er checkt ab, ob Ihr Herz in Ordnung ist – und kontrolliert, ob Gelenke und Wirbelsäule okay sind.

Schritt 2: Suchen Sie sich professionelle Anleitung

Wenn Sie körperlich beeinträchtigt sind, ist für Sie vielleicht am Anfang Krankengymnastik oder ein Rehazentrum besser geeignet. Auch ein »Kieser-Training«-Studio zu besuchen, ist eine gute Entscheidung. Wichtig ist es nämlich, dass Sie alle Übungen, die Ihre Muskulatur aufbauen sollen, kontrolliert und richtig durchführen, sonst geht der Schuss unter Umständen nach hinten los. Geschulte Physiotherapeuten helfen Ihnen dabei, den richtigen Einstieg zu finden.

Schritt 3: Kardio-Training

Kardio-Sport fasst alle Ausdauersportarten zusammen, die das Herz-Kreislauf-System trainieren: Das sind Joggen, Walken, Nordic-Walking, Fahrrad fahren, Inlineskating, Schwimmen, Skilanglauf …, um die gängigsten zu nennen. Ausdauersportarten sind besonders gut geeignet, um Ihre Fettdepots zum Schmelzen zu bringen.

Ist Ihre Muskulatur so weit gekräftigt, dass Sie auf dem Ergometer strampeln oder vielleicht sogar am Walking-Kurs teilnehmen können, besorgen Sie sich im Vorfeld eine Pulsuhr, die Ihren persönlichen optimalen Trainingspuls ermitteln kann (die Funktion heißt »own zone«) und die Sie durch Piepsen zur Ordnung ruft, wenn Sie sich überanstrengen oder zu sehr trödeln. Diese Pulsuhr können Sie zudem auch bei der Wassergymnastik (Aqua-Gym) tragen oder im Einsteigerkurs Ihres Fitnessstudios.

Wichtig ist, dass Sie gemäßigt beginnen, sich dann aber kontinuierlich steigern. Vom langsamen Walking zum schnellen Walking, später Nordic Walking … und in einem Jahr sehen wir Sie dann eine Stunde locker im Wald joggen! Das funktioniert aber nur, wenn Sie einen Schritt nach dem anderen tun: Wer sich am ersten Tag die eine Stunde Joggen abverlangt, wird wenig Freude haben … vor allem in den darauf folgenden Tagen. Wenn Sie aber langsam und überlegt, mit guter Anleitung und korrekten Übungen Ihre Fitness sukzessive verbessern, können selbst völlig unsportliche Menschen innerhalb weniger Monate unglaubliche Verbesserungen erzielen.

Tipps zum Kochen

Dieser kombinierte Doppelband bietet Ihnen eine hervorragende Auswahl an Rezepten für alle Gelegenheiten – und gerade auch für die unverbesserlichen Naschkatzen, denn LOW FETT 30 funktioniert auch perfekt mit Süßem. Und das Tolle dabei ist: Selbst wenn Sie noch wenig Erfahrung beim Kochen und Backen haben, die Rezepte funktionieren immer. Falls Sie dagegen noch so ein paar Rezepte haben sollten, die Ihnen ans Herz gewachsen sind, verraten wir Ihnen einige Kniffe, die Ihnen vielleicht dabei helfen, die Nährwerte in vertretbare Zonen zu bringen. Wursteinlagen, Speck, Geräuchertes, Erbsensuppe »nackt«? Undenkbar. Doch das muss ab sofort wirklich nicht mehr sein.

Kleine Tricks

1. Besonders fettarme rohe Schinkenwürfel (z. B. »Nuggetz« von Reinert oder von Abraham), Lachsschinken (kann man selbst würfeln) oder rohes Kasseler geben Eintöpfen und anderen herzhaften Schmankerln den erforderlichen würzigen »Biss«.

2. Und falls Sie richtig tief in die Trickkiste greifen wollen: Probieren Sie doch einmal »Rauchsalz« aus. Das ist ein Salz, das den Geschmack von Geräuchertem bzw. Gepökeltem ohne eine Spur von Fett ins Essen zaubert. Sie müssen dafür dann lediglich das sonstige Salz einsparen.

Backmischungen

Viele Backmischungen für Rührteige aller Art sind von sich aus LOW FETT 30. Wenn Sie allerdings der Zubereitungsanleitung folgen und 100 Gramm Fett zugeben, funktioniert der jeweilige Kuchen leider nicht mehr. Unsere erprobte Alternative, die wir bei verschiedenen Dr. Oetker Backmischungen, zum Beispiel Zitronenkuchen, Kirschlikuchen erfolgreich getestet haben: Statt zum Beispiel 100 Milliliter Öl zu verwenden, nehmen Sie etwa 80 Gramm mageren Naturjoghurt plus 50 Milliliter Fruchtsaft (wenn dieser geschmacklich passt) und geben einen Löffel Hartweizengrieß dazu. Reduzieren Sie die angegebene Backtemperatur um ca. 20 °C. Das Ergebnis ist LOW FETT 30 und Sie werden den Unterschied kaum schmecken.

Hinweise zu den Rezepten

LOW FETT 30-Kochtricks

Auf Seite 160 finden Sie die Bestelladresse für das Buch »Steig ein ... LOW FETT 30«. Hierbei handelt es sich um eine fast 100 Seiten starke Broschüre, in der wir bei den Nahrungsmitteln Ross und Reiter nennen. Sie führt alle Produktgruppen mit Beispielen an und enthält einen Anhang, in dem Sie eine sehr übersichtliche Nährwerttabelle mit den gängigen Produkten finden. Dieses »Einsteiger-Buch« sollten Sie auf jeden Fall haben. Ansonsten laden wir Sie auf unsere Internetseiten (www.low-fett.de) ein. Dort finden Sie ebenfalls Adressen und Links, einen Chat und vor allem ein Fragenforum, wo Sie alle Sorgen und Probleme rund um LOW FETT 30 loswerden können.

Zubereitungszeiten

Hier steht die Zeit, die Sie benötigen, um das ganze Gericht zuzubereiten. Sollten dabei längere Zeitspannen auftreten, in denen Sie nichts zu tun haben, so sind diese gesondert als Back-, Kühlzeit usw. aufgeführt.

Kalorien- und Nährwertangaben

Bei den Nährwertangaben sind auch die Kohlenhydratmengen ausgewiesen, um den Lesern, die eine Eiweiß-Formula-Diät unter ärztlicher Aufsicht machen, die Portionsberechnungen zu erleichtern.

Hinweis

Bitte beachten Sie, dass Nährwertangaben je nach Datengrundlage variieren können. Außerdem unterliegen die Inhaltsstoffe ein- und desselben Lebensmittels häufig natürlichen Schwankungen. Unsere Angaben sind deshalb als Durchschnittswerte anzusehen.

Zutaten

Wenn nicht anders angegeben, geht man bei Obst und Gemüse von ungeputzter Rohware aus. Bei Stückangaben wird auf ein Stück mittlerer Größe Bezug genommen.

Ofentemperaturen

Alle Temperaturen für Backöfen gelten für Elektroöfen ohne Umluftfunktion. Bei Gas- und Umluftöfen bitte die Angaben des Herstellers beachten und die entsprechende Temperatur aus der Bedienungsanleitung Ihres Herdes entnehmen.

Die Abkürzungen

bzw.	= beziehungsweise
ca.	= circa
evtl.	= eventuell
EL	= Esslöffel
F.	= Fett
F. i. Tr.	= Fett in Trockenmasse
g	= Gramm
geh.	= gehäuft
ger.	= gerieben
kcal	= Kilokalorien
kg	= Kilogramm
KH	= Kohlenhydrate
l	= Liter
ml	= Milliliter
Msp.	= Messerspitze
o. Z.	= ohne Zucker
Päck.	= Päckchen
Pckg.	= Packung
TK-	= Tiefkühl-...
TL	= Teelöffel
z. B.	= zum Beispiel

Suppen & Salate

Möhren-Ingwer-Suppe (Foto)

Für 4 Personen ▪ Zubereitungszeit: ca. 40 Min.
Pro Portion: 220 kcal ▪ 4 g Fett ▪ 38 g KH ▪ 16 % kcal aus Fett

1 Zwiebel
750 g Möhren
1 cm frischer Ingwer
1 EL Sonnenblumenöl
Salz
Pfeffer
1 l Gemüsebrühe (oder Wasser)
etwas Zucker nach Belieben
4 EL Kaffeesahne (4 % F.)
200 g Weißbrot

1 Die Zwiebel abziehen und fein hacken. Die Möhren putzen bzw. schälen und in Scheiben schneiden, den Ingwer schälen und fein reiben.

2 Die Zwiebeln im heißen Öl in einem großen Topf andünsten. Möhren, Ingwer sowie etwas Salz und Pfeffer dazugeben und alles unter Rühren etwa 5 Minuten dünsten, das Gemüse dabei aber möglichst nicht braun werden lassen.

3 Die Brühe oder das Wasser dazugeben, zum Kochen bringen und die Suppe zugedeckt 10 bis 15 Minuten leicht kochen lassen, bis die Möhren weich sind.

4 Die Suppe mit dem Stabmixer pürieren, nochmals erhitzen und nach Geschmack mit etwas Zucker würzen. Die Suppe in vorgewärmte Tassen füllen, auf jede 1 Esslöffel Kaffeesahne geben, mit dem Weißbrot servieren.

Kartoffelsuppe mit Hähnchen

Für 4 Personen ▪ Zubereitungszeit: ca. 30 Min.
Pro Portion: 210 kcal ▪ 6 g Fett ▪ 20 g KH ▪ 25 % kcal aus Fett

250 g Hähnchenbrustfilet
1 EL Sonnenblumenöl
500 g Kartoffeln
1 Zwiebel
2 Würfel gekörnte Gemüsebrühe
Pfeffer
100 g saure Sahne (10 % F.)
2 EL Schnittlauchröllchen

1 Das Hähnchenbrustfilet in Streifen schneiden. In einem Topf Sonnenblumenöl heiß werden lassen und das Fleisch darin anbraten. Herausnehmen und warm stellen.

2 Die Kartoffeln schälen und in kleine Würfel, die Zwiebel in Ringe schneiden und alles im Bratfett kurz andünsten. ¾ Liter Wasser dazugießen und zum Kochen bringen. Die Brühwürfel hinzufügen und die Suppe 15 Minuten bei mittlerer Hitze kochen lassen.

3 Die Suppe mit dem Stabmixer pürieren, mit Pfeffer würzen und abschmecken. Das Hähnchenfleisch dazugeben und in der Suppe heiß werden lassen. Die Suppe in vorgewärmten Tellern anrichten und mit saurer Sahne und Schnittlauchröllchen garniert servieren.

Feurige Bananensuppe

1 Zwiebel
1 Chilischote
2 EL Sonnenblumenöl
2 TL abgeriebene Schale einer unbehandelten Orange
100 ml Orangensaft
1 Würfel gekörnte Gemüsebrühe
200 ml Tomatenketchup
3 Bananen
Salz
Pfeffer

Für 4 Personen ▪ Zubereitungszeit: ca. 25 Min.
Pro Portion: 175 kcal ▪ 5 g Fett ▪ 30 g KH ▪ 26 % kcal aus Fett

1 Die Zwiebel abziehen und in kleine Würfel schneiden. Die Chilischote waschen, der Länge nach halbieren, entkernen und in dünne Streifen schneiden.
2 In einem Topf 1 Esslöffel Öl heiß werden lassen. Die Chilischote und die Zwiebelwürfel darin andünsten. Die Orangenschale, den Orangensaft und 400 Milliliter Wasser dazugeben und alles zum Kochen bringen.
3 Die Gemüsebrühe in der Suppe auflösen. Das Ketchup einrühren und alles etwa 5 Minuten bei geschlossenem Deckel leicht kochen lassen.
4 Von den Bananen 2 schälen, in Stücke schneiden und in die Suppe geben. Das Ganze mit dem Stabmixer pürieren. Die übrige Banane schälen und in Scheiben schneiden.
5 Das restliche Öl in einer Pfanne heiß werden lassen und die Bananenscheiben darin von beiden Seiten braten. Die Suppe abschmecken, auf Tellern mit den gebratenen Bananenscheiben servieren.

Gemüse-Fisch-Topf

800 g TK-Fischfilet
Salz
Pfeffer
1 Zwiebel
1 EL Sonnenblumenöl
1 Pckg. TK-Mischgemüse (750 g)
1 TL Currypulver
1 Prise Cayennepfeffer
250 ml Weißwein
4 TL gekörnte Gemüsebrühe
50 g geschälte gegarte Shrimps

Für 4 Personen ▪ Zubereitungszeit: ca. 30 Min.
Pro Portion: 385 kcal ▪ 8 g Fett ▪ 11 g KH ▪ 19 % kcal aus Fett

1 Das Fischfilet antauen lassen, in Würfel schneiden, mit Salz und Pfeffer würzen. Die Zwiebel abziehen und klein schneiden.
2 Das Öl heiß werden lassen und die Zwiebel darin andünsten. Das Gemüse hinzufügen und mitdünsten. Mit Currypulver und Cayennepfeffer bestäuben.
3 Den Weißwein und ¾ Liter Wasser zugießen und die Flüssigkeit zum Kochen bringen. Die Gemüsebrühe darin auflösen und alles bei mäßiger Hitze etwa 15 Minuten kochen.
4 Die Fischwürfel mit den Shrimps dazugeben und etwa 5 Minuten gar ziehen lassen. Mit Pfeffer nachwürzen.

TIPP: **Dazu Brot servieren.**

Schnelle Hühnersuppe

Für 4 Personen ▪ Zubereitungszeit: ca. 15 Min. ▪ Marinierzeit: ca. 2–3 Std.
Pro Portion: 57,5 kcal ▪ 0,5 g Fett ▪ 1 g KH ▪ 8% kcal aus Fett

200g Hähnchenbrustfilet
2 EL Sherry
4 EL flüssiger Würzfond Geflügel
1 TL Zitronensaft
Currypulver
1 Möhre
1 TL Schnittlauchröllchen

1 Das Hähnchenbrustfilet etwas anfrieren lassen, in sehr dünne Scheiben schneiden und auf einer Platte anrichten. Mit Sherry beträufeln und zugedeckt im Kühlschrank ca. 2 bis 3 Stunden marinieren.

2 In einem Topf 1 Liter Wasser mit dem Würzfond zum Kochen bringen, mit Zitronensaft und etwas Curry abschmecken. Die Möhre putzen bzw. schälen und in sehr dünne Streifen schneiden.

3 Zum Servieren das marinierte Hähnchenfleisch mit den Möhrenstreifen in vorgewärmte Suppentassen geben und die kochend heiße Suppe darübergießen. Das Fleisch wird in der heißen Suppe sofort gar und bleibt saftig. Mit Schnittlauchröllchen garniert servieren.

Aladins Linsensuppe

Für 4 Personen ▪ Zubereitungszeit: ca. 30 Min.
Pro Portion: 375 kcal ▪ 5,5 g Fett ▪ 51 g KH ▪ 13% kcal aus Fett

200g Hähnchenbrustfilet
1 EL Sonnenblumenöl
1 rote Paprikaschote
1 Dose stückige Tomaten (285 ml Inhalt)
1 Dose Kichererbsen (240g Abtropfgewicht)
100g rote Linsen
1 EL Tomatenketchup
1 TL Zimtpulver
1 Beutel Hühnersuppe mit Nudeln

1 Das Hähnchenbrustfilet in Würfel schneiden. In einem Topf das Sonnenblumenöl heiß werden lassen und das Hähnchenfleisch darin anbraten.

2 Die Paprikaschote waschen, halbieren, entkernen, in kleine Würfel schneiden und mit den Tomaten zum Fleisch geben. 1 Liter Wasser zugießen und alles aufkochen.

3 Die Kichererbsen abtropfen lassen und mit den Linsen, dem Ketchup und dem Zimt zur Suppe geben. Das Ganze zugedeckt bei kleiner Hitze etwa 10 Minuten kochen.

4 Die Hühnersuppe aus dem Beutel in die Gemüsesuppe einrühren und die Suppe noch 5 Minuten kochen.

Gemüsesuppe mit Reis

- 2 große Kartoffeln
- 2 Möhren
- 1 kleiner Romanesco (oder Blumenkohl)
- 1 kleiner Wirsing
- 1 EL Butter
- 120 g TK-Erbsen
- 200 g Reis
- 2 EL Olivenöl
- 1/2 l Gemüsebrühe
- 4 Frühlingszwiebeln
- 4 Artischockenböden (Glas/Dose)
- Salz
- Pfeffer

Für 4 Personen ▪ Zubereitungszeit: ca. 40 Min.
Pro Portion: 375 kcal ▪ 9 g Fett ▪ 59 g KH ▪ 22 % kcal aus Fett

1 Die Kartoffeln und die Möhren schälen und würfeln. Den Romanesco putzen, waschen und in Röschen teilen. Den Wirsing putzen, die grünen Blätter und den Strunk entfernen, die gelben Innenblätter grob zerteilen.

2 Die Kartoffeln und die Möhren in der Butter etwa 5 Minuten andünsten. Romanesco und Wirsing dazugeben und 1/2 Liter Wasser angießen. Das Gemüse einmal aufkochen und dann etwa 20 Minuten zugedeckt leicht kochen lassen. Zuletzt die Erbsen einige Minuten mitgaren.

3 Inzwischen den Reis im heißen Öl glasig dünsten, die Gemüsebrühe dazugeben und den Reis etwa 20 Minuten garen. Den Reis und die Gemüsesuppe zusammen in einen Topf geben.

4 Die Frühlingszwiebeln putzen, waschen, in Ringe schneiden und unterrühren. Die Artischockenböden etwas abtropfen lassen, zerkleinern, in die Suppe geben und heiß werden lassen. Die Suppe mit Salz und Pfeffer abschmecken.

TIPP: **Noch etwas schneller ist die Gemüsesuppe mit Instant-Reis fertig.**

Italienische Sommersuppe

- 500 g Fenchelknolle
- 500 g Tomaten
- 350 g Möhren
- 2 Zwiebeln
- 1 Knoblauchzehe
- 150 g gekochter Schinken ohne Fettrand
- 2 Würfel klare Gemüsebrühe
- Salz, Pfeffer
- 1 TL Paprikapulver edelsüß
- 50 g Parmesan
- 1 EL gehackte Basilikumblätter

Für 4 Personen ▪ Zubereitungszeit: ca. 30 Min.
Pro Portion: 194 kcal ▪ 5,9 g Fett ▪ 12,8 g KH ▪ 25,5 % kcal aus Fett

1 Das Gemüse putzen und waschen. Fenchel und Tomaten in Würfel schneiden. Möhren in Scheiben schneiden. Zwiebeln und Knoblauchzehe abziehen und in kleine Würfel schneiden.

2 Den Schinken würfeln, in einem Topf ohne Zugabe von Fett knusprig braten, bei Bedarf etwas Wasser zufügen. Möhren, Fenchel, Zwiebeln und Knoblauch zugeben und ca. 5 Minuten dünsten. 1 Liter Wasser zugießen, zum Kochen bringen. Die Brühwürfel darin auflösen und ca. 15 Minuten garen.

3 In den letzten 5 Minuten die Tomatenwürfel in die Suppe geben und heiß werden lassen. Mit Salz, Pfeffer und Paprikapulver würzen und abschmecken. Den Parmesan reiben, mit den Basilikumblättern über die Suppe streuen.

TIPP: **Servieren Sie dazu Ciabatta.**

Maissuppe

Für 4 Personen ▪ Zubereitungszeit: ca. 35 Min.
Pro Portion: 280 kcal ▪ 7 g Fett ▪ 47 g KH ▪ 23 % kcal aus Fett

1 Zwiebel
750 g Kartoffeln
2 EL Sonnenblumenöl
1 l Gemüsebrühe
1 Dose Mais (285 g Abtropfgewicht)
Salz
Pfeffer

1 Die Zwiebel abziehen und fein würfeln, die Kartoffeln schälen und ebenfalls würfeln. Beides im heißen Öl in einem großen Topf etwa 5 Minuten dünsten, dabei häufig umrühren.

2 Die Brühe zugießen und das Ganze 10 bis 15 Minuten köcheln lassen, bis die Kartoffeln fast weich sind.

3 Inzwischen den Mais abtropfen lassen, dann dazugeben und alles zusammen weitere 5 Minuten garen lassen. Die Suppe mit Salz und Pfeffer abschmecken.

TIPP: **Damit die Suppe cremiger wird, kann man 1 bis 2 Tassen davon abnehmen, pürieren und wieder unter die restliche Suppe rühren. Diese sättigende Suppe ist ausgesprochen köstlich, wenn man sie mit frischem Mais zubereitet, der mit einem scharfen Messer vom Kolben getrennt wird (1 Kolben liefert etwa 100 g Mais).**

Hähnchenragout in Basilikumsauce

700 g Hähnchenbrustfilet
1 EL Sonnenblumenöl
1 EL Butter
1 Würfel klare Fleischbrühe
1 Bund Basilikum
2 EL Zitronensaft
200 ml Kaffeesahne (4 % F.)
1 Prise Pfeffer
1 Prise Zucker
3 EL heller Saucenbinder

Für 4 Personen ■ Zubereitungszeit: ca. 30 Min.
Pro Portion: 295 kcal ■ 8,5 g Fett ■ 7,5 g KH ■ 26 % kcal aus Fett

1 Das Hähnchenbrustfilet in Würfel schneiden. In einer Pfanne Öl und Butter heiß werden lassen und das Fleisch darin goldbraun braten.

2 Etwa 1/4 Liter Wasser dazugießen und alles zum Kochen bringen. Den Suppenwürfel darin auflösen und das Ragout ca. 10 Minuten garen.

3 Basilikum waschen, die Blättchen von den Stielen zupfen, 4 Basilikumblättchen zur Dekoration beiseite legen. Die übrigen Blätter mit Zitronensaft und Kaffeesahne mithilfe eines Stabmixers pürieren. Das Basilikumpüree unter das Ragout rühren.

4 Das Hähnchenragout mit Pfeffer und Zucker abschmecken, kurz in der Pfanne heiß werden lassen. Bei Bedarf mit Saucenbinder binden und mit Basilikumblättchen garniert servieren.

TIPP: Servieren Sie zum Hähnchenragout Tagliatelle oder andere Bandnudeln.

Schnelles Hühnerfrikassee

450 g Hähnchenbrustfilet
1 EL flüssiger Würzfond Geflügel
Pfeffer
125 g Kaffeesahne (4 % F.)
4 EL heller Saucenbinder
120 g Spargelstücke (Dose)
100 g TK-Erbsen
Salz
frisch geriebene Muskatnuss
1 TL Zitronensaft
1 EL gehackte Petersilie

Für 4 Personen ■ Zubereitungszeit: ca. 25 Min.
Pro Portion: 215 kcal ■ 3 g Fett ■ 15 g KH ■ 12,5 % kcal aus Fett

1 Das Hähnchenbrustfilet mit Würzfond und Pfeffer in 375 Milliliter kochendes Wasser geben und darin etwa 15 Minuten kochen lassen. Das Fleisch herausnehmen und in mundgerechte Stücke schneiden.

2 Die Kaffeesahne in die Brühe geben und darin aufkochen. Den Saucenbinder unter Rühren einstreuen und alles 1 Minute kochen lassen.

3 Die Spargelstücke, Erbsen und Fleischstücke hinzufügen und heiß werden lassen. Das Frikassee mit Salz, Pfeffer, Muskat und Zitronensaft abschmecken und zum Servieren Petersilie darüber streuen.

TIPP: Zum Frikassee passen Reis und ein knackiger Salat.

Arabischer Gurkensalat

Für 4 Personen ▪ Zubereitungszeit: ca. 10 Min.
Pro Portion: 187 kcal ▪ 6 g Fett ▪ 21,5 g KH ▪ 28,8 % kcal aus Fett

- 1 Salatgurke
- 1 Glas Kürbis (720 ml)
- 100 g Schafskäse (Feta)
- 300 g Magerjoghurt (0,3 % F.)
- Salz
- Pfeffer
- 1 Knoblauchzehe
- 2 TL Sesamkörner
- etwa 10 Pfefferminzblättchen
- 4 Scheiben Knäckebrot

1 Die Gurke waschen, schälen und in Würfel schneiden. Den Kürbis abtropfen lassen, dabei die Abtropfflüssigkeit aufheben und in Würfel schneiden. Kürbis- und Gurkenwürfel auf vier Tellern anrichten.

2 Den Schafskäse in Würfel schneiden und auf den Salatzutaten verteilen. Den Joghurt mit 1 Esslöffel Kürbisabtropfflüssigkeit, Salz, Pfeffer und zerdrückter Knoblauchzehe verrühren und über den angerichteten Gurkensalat geben.

3 Die Sesamkörner in einer Pfanne ohne Fett rösten. Die Pfefferminzblättchen in Streifen schneiden und beides darüber streuen. Den arabischen Gurkensalat mit Knäckebrot servieren.

Pilz-Zucchini-Salat

Für 4 Personen ▪ Zubereitungszeit: ca. 10 Min.
Pro Portion: 25 kcal ▪ 0 g Fett ▪ 4 g KH ▪ 0 % kcal aus Fett

- 200 g Champignons
- 300 g junge Zucchini
- 4 Tomaten
- 1 TL gehacktes Basilikum
- 1 Bund Brunnenkresse
- 100 ml Orangensaft
- 2 EL Limettensaft
- 1 EL Zitronensaft
- 1 TL Apfelweinessig
- ½ TL Zucker
- Pfeffer

1 Die Pilze und Zucchini waschen bzw. putzen und in Scheiben schneiden. Die Tomaten waschen, achteln und in einer großen Schüssel mit Pilzen und Zucchini mischen. Mit Basilikum und Brunnenkresse bestreuen.

2 Für das Dressing die Säfte mit Essig, Zucker und Pfeffer kräftig verschlagen oder in einem Schraubdeckelglas gut schütteln und über den Salat geben.

Spaghettisalat

250 g Spaghetti
Salz
je 1 rote, gelbe und grüne Paprikaschote
2 kleine Stangen Lauch
3 EL Zitronensaft
2 EL Öl
2 EL Sojasauce
etwas Chinagewürz
Pfeffer

Für 4 Personen ■ Zubereitungszeit: ca. 20 Min. ■ Marinierzeit: ca. 1 Std.
Pro Portion: 295 kcal ■ 6 g Fett ■ 50 g KH ■ 18 % kcal aus Fett

1 Die Spaghetti in reichlich Salzwasser nach Packungsanweisung bissfest kochen.

2 Inzwischen die Paprikaschoten waschen, halbieren, entkernen und in Würfel schneiden. Den Lauch waschen, putzen und in feine Scheiben schneiden.

3 Den Zitronensaft, das Öl, die Sojasauce, etwas Chinagewürz sowie Salz und Pfeffer verrühren.

4 Die Spaghetti abgießen, kalt abschrecken, abtropfen lassen, die Paprikawürfel, den Lauch und die Marinade untermischen und den Salat vor dem Servieren noch etwa 1 Stunde durchziehen lassen.

Nudelsalat mit Thunfisch (Foto)

250 g Spaghetti
Salz
je 1 gelbe und grüne Paprikaschote
½ Salatgurke
3 Tomaten
1 Dose Mais (285 g Abtropfgewicht)
1 Dose Thunfisch in eigenem Saft (150 g Abtropfgewicht)
3–4 EL Tomatenketchup
Pfeffer

Für 4 Personen ■ Zubereitungszeit: ca. 25 Min. ■ Marinierzeit: ca. 1 Std.
Pro Portion: 425 kcal ■ 8 g Fett ■ 67 g KH ■ 17 % kcal aus Fett

1 Die Spaghetti in reichlich Salzwasser nach Packungsanweisung bissfest kochen, abgießen, kalt abschrecken und abtropfen lassen.

2 Inzwischen die Paprikaschoten waschen, halbieren und entkernen. Die Gurke waschen. Die Tomaten über Kreuz einritzen, kurz überbrühen, enthäuten, vierteln und entkernen. Paprika, Gurke und Tomate in kleine Stücke schneiden.

3 Den Mais abtropfen lassen, den Thunfisch zerpflücken und beides mit den gekochten Nudeln unter das Gemüse mischen.

4 Den Salat mit Tomatenketchup, Salz und Pfeffer abschmecken und etwa 1 Stunde durchziehen lassen.

Karibischer Reissalat

150 g Hähnchenbrustfilet
Salz
Pfeffer
1 TL Öl
1 Banane
30 g Mandelsplitter
5 Pfirsichhälften (Dose)
5 Scheiben Ananas (Dose)
100 g gekochter Reis
etwas Currypulver
1 Prise Zucker

Für 2 Personen ■ Zubereitungszeit: ca. 30 Min.
Pro Portion: 575 kcal ■ 12 g Fett ■ 90 g KH ■ 19 % kcal aus Fett

1 Die Hähnchenbrust mit Salz und Pfeffer würzen und in einer beschichteten Pfanne im heißen Öl braten. Erkalten lassen und in Scheiben schneiden.
2 Die Banane schälen, längs halbieren und mit den Mandelsplittern in der Pfanne ohne Fett kurz rösten.
3 Die Pfirsiche und Ananas in mundgerechte Stücke schneiden und mit dem gekochten Reis und den Hähnchenfleischscheiben vermischen.
4 Den Salat mit Currypulver, Salz, Pfeffer und Zucker würzen und bis zum Servieren kalt stellen. Falls der Salat zu trocken ist, noch etwas Pfirsich- oder Ananassaft aus der Dose hinzufügen.

TIPP: Wenn es schneller gehen soll, verwenden Sie einfach fertig gebratene Hähnchenbrust.

Kartoffelsalat Klabautermann

4 fest kochende Kartoffeln
10 Cocktailtomaten
300 g aufgetaute TK-Erbsen
200 g geschälte gegarte Shrimps
4 EL Joghurt-Salatcreme
2 EL Zitronensaft
Salz, Pfeffer

Für 4 Personen ■ Zubereitungszeit: ca. 30 Min. ■ Marinierzeit: ca. 2 Std.
Pro Portion: 250 kcal ■ 7 g Fett ■ 27 g KH ■ 25 % kcal aus Fett

1 Die Kartoffeln waschen und in der Schale gar kochen. Abgießen, etwas abkühlen lassen, pellen, in Scheiben schneiden und in eine Salatschüssel geben.
2 Die Tomaten waschen und halbieren, mit den Erbsen und den Shrimps zu den Kartoffeln geben.
3 Die Joghurt-Salatcreme mit Zitronensaft und 2 Esslöffeln Wasser verrühren und über die Salatzutaten gießen. Alles gut mischen, mit Salz und Pfeffer abschmecken und den Salat an einem kühlen Ort etwa 2 Stunden durchziehen lassen.

Salat mit Hähnchenfilet

Für 4 Personen ▪ Zubereitungszeit: ca. 35 Min.
Pro Portion: 290 kcal ▪ 9,5 g Fett ▪ 14 g KH ▪ 30 % kcal aus Fett

- 2 Pckg. Hähnchenfilet (gegartes gewürztes Hähnchenfleisch à 150 g)
- Salz, Pfeffer
- 500 g Erdbeeren oder Honigmelone
- 2 EL Zitronensaft
- 3 EL Estragonessig
- 2 EL mittelscharfer Senf
- 2 EL Zucker, 1 Eigelb
- 250 ml Kaffeesahne (4 % F.)
- 1 Kopf Eisbergsalat
- 30 g Pinienkerne

1 Die Hähnchenfiletscheiben halbieren, salzen und pfeffern. Die Erdbeeren waschen, putzen und halbieren oder vierteln, die Honigmelone schälen und würfeln. Den Zitronensaft darüber träufeln.

2 Für die Sauce Essig, Senf, Zucker und das Eigelb in einem kleinen Topf bei geringer Hitze cremig rühren und von der Kochstelle nehmen. Die Kaffeesahne nach und nach unterschlagen.

3 Den Eisbergsalat zerteilen, waschen, trockenschleudern, die Blätter in Stücke reißen und in eine große Schüssel geben. Das Hähnchenfilet und die Erdbeeren darauf verteilen und die Sauce darüber gießen.

4 Die Pinienkerne in einer Pfanne ohne Fett hellbraun rösten und zum Servieren über den Salat streuen.

Fruchtiger Fenchelsalat

Für 4 Personen ▪ Zubereitungszeit: ca. 15 Min. ▪ Marinierzeit: ca. 30 Min.
Pro Portion: 136 kcal ▪ 4,5 g Fett ▪ 18 g KH ▪ 29 % kcal aus Fett

- 1 Fenchelknolle mit Grün
- 1 Apfel mit roter Schale
- 2 Orangen
- 1 EL Kräuteressig
- 150 g cremiger Joghurt (1,5 % F.)
- 1 Päck. Vanillinzucker
- Salz
- 20 g gehackte Walnüsse

1 Die Fenchelknolle putzen, waschen und halbieren. Den festen Mittelteil herausschneiden und in feine Streifen schneiden. Den Apfel waschen, vierteln, vom Kerngehäuse befreien und in Scheiben schneiden. Die Orangen schälen, die weiße Haut dabei mit entfernen, die Fruchtfilets herausschneiden, entstehenden Saft dabei auffangen. Orangensaft beiseite stellen. Fenchel, Apfel und Orangen mit dem Essig vermischen und zugedeckt 30 Minuten ziehen lassen.

2 Für die Sauce den Joghurt mit 3 Esslöffeln Orangensaft, Vanillinzucker und Salz verrühren. Den Salat auf einer Platte anrichten und die Walnüsse darüber streuen. Die Hälfte der Sauce darüber geben. Das Fenchelgrün von den Stängeln zupfen und den Salat damit bestreuen. Restliche Sauce dazu servieren.

Romanasalat mit Erdbeeren

- 1 Romana-Salat oder grüner Salat
- 500 g Erdbeeren
- 1 Dose Mandarinen (324 ml Inhalt)
- 200 g gegartes Hähnchenbrustfilet
- 1 EL Balsamico-Essig
- 1 EL Sonnenblumenöl
- 1 TL Senf

Für 4 Personen ■ Zubereitungszeit: ca. 15 Min.
Pro Portion: 154 kcal ■ 3,5 g Fett ■ 14 g KH ■ 21 % kcal aus Fett

1 Den Salat zerteilen, waschen, trockenschleudern, die Blätter in mundgerechte Stücke zerpflücken. Die Erdbeeren waschen und in dicke Scheiben schneiden. Die Mandarinen abgießen, dabei den Saft auffangen.

2 Das Hähnchenbrustfilet in Streifen schneiden. Den Salat mit 5 Esslöffeln des aufgefangenen Mandarinensaftes, Essig, Sonnenblumenöl und Senf verrühren. Zum Servieren Salat, Erdbeeren und Hähnchenbrust auf Tellern anrichten und das Salatdressing darüber träufeln.

TIPP: Wer mag, kann noch ein paar Pinienkerne, in einer Pfanne ohne Fett geröstet, über den Salat streuen.

Salat mit Käse und Honigdressing

- 3 Orangen
- 1 Apfel
- 100 g milder Blauschimmelkäse
- 3 Frühlingszwiebeln
- 150 g Champignons
- ½ Kopf Blattsalat, z. B. Lollo Rosso
- 2 EL Himbeeressig
- 2 EL Honig
- Salz
- Pfeffer
- 1 EL Sonnenblumenöl
- 250 g Baguette

Für 4 Personen ■ Zubereitungszeit: ca. 15 Min.
Pro Portion: 367,5 kcal ■ 11 g Fett ■ 51 g KH ■ 27 % kcal aus Fett

1 Die Orangen so schälen, dass auch die weiße Haut entfernt wird. Die Fruchtfilets über einer kleinen Schale herausschneiden und den Saft dabei auffangen. Den Apfel waschen, vierteln, entkernen, in Scheiben schneiden und mit dem Orangensaft vermengen.

2 Den Käse würfeln. Die Frühlingszwiebeln putzen, waschen und in Ringe schneiden. Die Champignons putzen und in Scheiben schneiden. Den Blattsalat waschen, gut abtropfen lassen und in mundgerechte Stücke zupfen.

3 Für das Dressing Essig mit Honig, Salz, Pfeffer verrühren und das Öl unterschlagen. Alle Salatzutaten mit der Marinade in einer Schüssel mischen und mit in Scheiben geschnittenem Baguette servieren.

Schneller Erbsen-Champignon-Salat

Für 4 Personen ▪ Zubereitungszeit: ca. 10 Min.
Pro Portion: 80 kcal ▪ 1,5 g Fett ▪ 9 g KH ▪ 17 % kcal aus Fett

3 Scheiben Ananas (Dose)
1 Dose Erbsen extrafein (285 g Abtropfgewicht)
230 g ganze Champignons (Dose/Glas)
Salz
Pfeffer
1 EL Miracel-Whip Balance (oder andere fettreduzierte Salatcreme)
etwas Ananassaft (Dose)

1 Die Ananasscheiben klein schneiden, etwas Ananassaft auffangen und beiseite stellen. Erbsen und Champignons aus der Dose abtropfen lassen.

2 Die Ananasstückchen, Erbsen und Champignons in einer Schüssel vermengen und mit Salz und Pfeffer würzen.

3 Die Salatcreme und etwas Ananassaft darunter heben und den Salat bis zum Servieren kühl stellen.

TIPP: **Zu diesem bunten Salat passt am besten ein frisches Baguette.**

Leckeres mit Gemüse

1 Dose Kidneybohnen (425 ml Inhalt)
½ Chinakohl (350 g)
600 g Kartoffeln
1 Zwiebel
2 Knoblauchzehen
½ Bund Salbei
200 g saure Sahne (10 % F.)
125 ml Milch (1,5 % F.)
1 Ei
Salz, Pfeffer
75 g geriebener Emmentaler (45 % F. i. Tr.)

Kartoffel-Chinakohl-Gratin (Foto)

Für 4 Personen ▪ Zubereitungszeit: ca. 20 Min. ▪ Backzeit: ca. 50 Min.
Pro Portion: 595 kcal ▪ 15 g Fett ▪ 80 g KH ▪ 23 % kcal aus Fett

1 Den Backofen auf 180 °C vorheizen. Die Bohnen in einem Sieb abtropfen lassen. Den Chinakohl putzen und in Streifen schneiden. Die Kartoffeln schälen und in dünne Scheiben hobeln.

2 Den Kohl, die Kartoffeln und die Bohnen im Wechsel in eine flache feuerfeste Form schichten.

3 Die Zwiebel abziehen und fein würfeln, den Knoblauch abziehen. Den Salbei waschen, trockenschütteln, die Blätter abzupfen und klein hacken.

4 Saure Sahne, Milch, Ei, Zwiebel und Salbei gut verrühren, den Knoblauch dazupressen, die Mischung salzen und pfeffern und über das Gratin gießen.

5 Den Käse darüber streuen und das Gratin im Ofen auf der mittleren Schiene etwa 50 Minuten backen.

300 g Brokkoliröschen
Salz
2 EL Mehl
150 ml Milch (1,5 % F.)
150 ml Gemüsebrühe
Pfeffer
etwas frisch geriebene Muskatnuss
50 g Gouda (40 % F. i. Tr.)
100 g Lachsschinken

Brokkoliauflauf

Für 4 Personen ▪ Zubereitungszeit: ca. 20 Min. ▪ Backzeit: ca. 50 Min.
Pro Portion: 250 kcal ▪ 7,5 g Fett ▪ 15 g KH ▪ 27 % kcal aus Fett

1 Den Brokkoli putzen und waschen. Die Brokkoliröschen in Salzwasser etwa 5 Minuten kochen.

2 Inzwischen aus Mehl, Milch und Gemüsebrühe eine sämige Sauce kochen und mit Salz, Pfeffer und Muskat abschmecken. Die Sauce etwas abkühlen lassen, den Käse reiben und unterrühren. Den Backofen auf 180 °C vorheizen.

3 Die Brokkoliröschen aus dem Wasser heben, abtropfen lassen und in eine gefettete Auflaufform geben. Den Schinken würfeln, darauf verteilen und die Sauce darüber gießen.

4 Den Auflauf im Backofen auf der mittleren Schiene etwa 50 Minuten backen.

TIPP: Dazu schmecken Nudeln oder Kartoffelpüree.

Spinat-Kartoffel-Gratin

300 g angetauter TK-Blattspinat
4 TL gekörnte Gemüsebrühe
400 g Kartoffeln
250 ml Milch (1,5 % F.)
Pfeffer
50 g Emmentaler (45 % F. i. Tr.)

Für 4 Personen ▪ Zubereitungszeit: ca. 25 Min. ▪ Backzeit: ca. 30 Min.
Pro Portion: 147,3 kcal ▪ 3,4 g Fett ▪ 17 g KH ▪ 21 % kcal aus Fett

1 Den Blattspinat in grobe Würfel schneiden und in 2 Esslöffel Wasser dünsten. Die Gemüsebrühe darin auflösen. Den Backofen auf 200 °C vorheizen.

2 Die Kartoffeln schälen und in dünne Scheiben schneiden. In einem Topf 300 Milliliter Wasser und die Milch zum Kochen bringen. Die restliche Gemüsebrühe darin auflösen.

3 Die Kartoffelscheiben dazugeben und zugedeckt bei geringer Hitze ca. 5 Minuten kochen. Die Hälfte der Kartoffelmasse in eine flache Auflaufform füllen. Den Spinat darauf verteilen und mit Pfeffer würzen.

4 Den Käse reiben. 2 Esslöffel Käse über den Spinat streuen und die restlichen Kartoffelscheiben darauf geben. Das Gratin mit dem übrigen Käse bestreuen und im Ofen auf der mittleren Schiene etwa 30 Minuten backen.

Tomaten-Zucchini-Gratin

je 500 g Tomaten und Zucchini
1 Paprikaschote
Salz
Pfeffer
2 Zwiebeln
2 Knoblauchzehen
1 Bund Basilikum
4 EL Paniermehl
1 EL Öl
2 EL gekörnte Gemüsebrühe
20 g geraspelter Käse (30 % F. i. Tr.)

Für 4 Personen ▪ Zubereitungszeit: ca. 15 Min. ▪ Backzeit ca. 15 Min.
Pro Portion: 136 kcal ▪ 4,5 g Fett ▪ 16 g KH ▪ 29,5 % kcal aus Fett

1 Das Gemüse putzen und waschen. Die Tomaten in Scheiben schneiden, die Zucchini und Paprika hobeln.

2 Das Gemüse streifenweise nebeneinander auf ein mit Backpapier ausgelegtes Backblech geben und mit Salz und Pfeffer würzen. Den Backofen auf 200 °C vorheizen.

3 Zwiebeln und Knoblauch abziehen und fein würfeln, Basilikumblättchen abzupfen und fein schneiden. Kräuter mit Paniermehl, Öl und Gemüsebrühe mischen und auf dem Gemüse verteilen. Mit geraspeltem Käse bestreuen und im Backofen ca. 15 Minuten überbacken.

TIPP: Wer mag, kann noch ein paar Pinienkerne oder etwas mehr Käse darüber streuen. Mit Baguette oder Folienkartoffeln dazu ist das Gericht wieder LOW FETT 30.

Kartoffelgratin

Für 4 Personen ■ Zubereitungszeit: ca. 15 Min. ■ Backzeit: ca. 1 Std.
Pro Portion: 300 kcal ■ 9,5 g Fett ■ 43 g KH ■ 28,5 % kcal aus Fett

- 1 kg Kartoffeln
- 1 TL Olivenöl
- 1–2 Knoblauchzehen
- 200 g saure Sahne (10 % F.)
- 2 Eier
- Salz
- Pfeffer
- etwas frisch geriebene Muskatnuss

1 Den Backofen auf 175 °C vorheizen. Die Kartoffeln schälen und in dünne Scheiben hobeln. Dachziegelartig in eine mit Öl gefettete Auflaufform geben.

2 Die Knoblauchzehen abziehen. Mit einem Schneebesen die saure Sahne, die Eier und den durchgepressten Knoblauch miteinander verrühren.

3 Den Guss mit Salz, Pfeffer und Muskat abschmecken, über die Kartoffeln gießen und das Gratin im Ofen auf der mittleren Schiene etwa 1 Stunde backen.

Blechgemüse mit Kräutersauce

- 1½ kg Kartoffeln
- 2 EL Olivenöl
- Salz, Pfeffer
- 2 Zucchini (300 g)
- 300 g große Champignons
- 2 Rosmarinzweige
- 200 g Cocktailtomaten
- 125 ml Gemüsebrühe
- 1 Knoblauchzehe
- 1 Bund Schnittlauch
- 250 g Magerquark (0,2% F.)
- 300 g saure Sahne (10% F.)

Für 4 Personen ▪ Zubereitungszeit: ca. 50 Min.
Pro Portion: 480 kcal ▪ 13,5 g Fett ▪ 62 g KH ▪ 25% kcal aus Fett

1 Den Backofen auf 200 °C vorheizen. Die Kartoffeln schälen, halbieren und auf ein gefettetes Backblech legen, salzen, pfeffern und mit etwas Öl beträufeln. Die Kartoffeln im Backofen auf der mittleren Schiene etwa 30 Minuten garen.

2 Inzwischen die Zucchini waschen und ebenso wie die Pilze putzen. Beides klein schneiden und zu den Kartoffeln geben. Die Rosmarinnadeln abzupfen, darüber streuen. Nochmals salzen und pfeffern.

3 Das restliche Öl darüber träufeln und das Gemüse etwa 20 Minuten im Backofen garen. Die Tomaten waschen und mit der Brühe in den letzten 5 Minuten dazugeben.

4 Den Knoblauch abziehen. Den Schnittlauch waschen, trockenschütteln und in Röllchen schneiden. Mit dem Quark und der sauren Sahne in einer Schüssel verrühren, den Knoblauch dazupressen. Die Sauce mit Salz und Pfeffer abschmecken und zum Ofengemüse reichen.

Chili sin Carne

- 3 Zwiebeln, 3 Möhren
- je 1 rote und gelbe Paprikaschote
- 2 grüne Paprikaschoten
- 3 Stangen Staudensellerie
- 1 Zucchini, 1 EL Öl
- 1 Dose Tomaten (285 g Abtropfgewicht)
- 1 Dose Kidneybohnen (425 ml Inhalt)
- etwas gemahlener Kreuzkümmel
- etwas getrocknetes Basilikum
- etwas Paprikapulver
- Salz, etwas Tabasco
- 100 g saure Sahne (10% F.)

Für 4 Personen ▪ Zubereitungszeit: ca. 30 Min. ▪ Garzeit: ca. 1 Std.
Pro Portion: 300 kcal ▪ 9,5 g Fett ▪ 65 g KH ▪ 28,5% kcal aus Fett

1 Die Zwiebeln abziehen, die Möhren putzen und schälen. Die Paprikaschoten waschen, halbieren und entkernen. Den Staudensellerie und die Zucchini waschen und alles getrennt klein schneiden.

2 Die Möhren in einem Topf im heißen Öl etwa 8 Minuten zugedeckt schmoren, dann Paprika und Staudensellerie dazugeben und alles 5 Minuten schmoren.

3 Zwiebeln, Zucchini, Tomaten und Bohnen (jeweils mit Flüssigkeit) dazugeben.

4 Die Gewürze hinzufügen und das Chili etwa 1 Stunde zugedeckt kochen lassen. Auf die Teller verteilen und jede Portion mit einem Klecks saurer Sahne garnieren.

TIPP: **Wenn Sie das Chili bereits am Vortag zubereiten und dann vor dem Servieren nur noch einmal erhitzen, schmeckt es am besten! Servieren Sie dazu pro Person 1 Scheibe Vollkornbrot.**

Gefüllte Paprika

Für 4 Personen ■ Zubereitungszeit: ca. 30 Min. ■ Backzeit: ca. 30 Min.
Pro Portion: 295 kcal ■ 6,5 g Fett ■ 60 g KH ■ 20 % kcal aus Fett

1 Den Reis in leicht gesalzenem Wasser etwa 20 Minuten kochen.

2 Inzwischen die Zwiebeln abziehen, fein hacken, mit Tomaten, Rosinen und Pinienkernen unter den fertig gegarten und abgetropften Reis mischen. 2 Esslöffel Käse und die Petersilie ebenfalls untermischen. Die Mischung mit Zimt und Pfeffer abschmecken.

3 Den Backofen auf 200 °C vorheizen. Die Paprikaschoten waschen, halbieren, entkernen und die Hälften mit der Öffnung nach oben in eine feuerfeste Form legen. Die Reismischung auf die Hälften verteilen und den restlichen Käse darüber streuen.

4 Die Brühe um die Paprikaschoten herumgießen, die Form mit Alufolie abdecken und das Gericht im Ofen auf der mittleren Schiene etwa 30 Minuten backen.

TIPP: Wenn es schnell gehen soll, nehmen Sie am besten Instant-Reis oder Reis vom Vortag.

- 200 g Reis
- Salz
- 2 Zwiebeln
- 1 Dose stückige Tomaten (285 ml Inhalt)
- 2 EL Rosinen
- 20 g Pinienkerne
- 4 EL geriebener Emmentaler (45 % F. i. Tr.)
- 2 EL gehackte Petersilie
- etwas Zimtpulver
- Pfeffer
- 4 rote Paprikaschoten
- 200 ml Gemüsebrühe

Möhren-Apfel-Gemüse

Für 4 Personen ■ Zubereitungszeit: ca. 25 Min.
Pro Portion: 84 kcal ■ 1 g Fett ■ 15 g KH ■ 10 % kcal aus Fett

1 Den Apfel waschen und in feine Würfel schneiden, dabei das Kerngehäuse entfernen. Die Möhren putzen bzw. schälen und in Scheiben schneiden.

2 In einem kleinen Topf die Butter zergehen lassen. Die Apfel- und Möhrenstückchen darin kurz andünsten.

3 Das Gemüse mit 1/4 Liter Wasser aufgießen, zum Kochen bringen und die Gemüsebrühe darin auflösen. Zum Schluss mit Meerrettich und Sahne abschmecken.

TIPP: Servieren Sie dazu Salzkartoffeln und Kurzgebratenes.

- 1 Apfel
- 800 g Möhren
- 1 EL Butter
- 2 TL gekörnte Gemüsebrühe
- 2 EL Meerrettich
- 2 EL Kaffeesahne (4 % F.)

Ungarische Zucchini (Foto)

4 mittelgroße Zucchini
½ l Gemüsebrühe
1 Zwiebel, 1 Knoblauchzehe
1 EL Sonnenblumenöl
500 g passierte Tomaten (Dose/Packung)
Salz, Pfeffer
jeweils etwas scharfes und edelsüßes Paprikapulver
200 g Schafskäse (Feta)
300 g Vollkornfladenbrot (oder helles Fladenbrot)

Für 4 Personen ▪ Zubereitungszeit: ca. 30 Min.
Pro Portion: 440 kcal ▪ 11 g Fett ▪ 64 g KH ▪ 23 % kcal aus Fett

1 Die Zucchini waschen, putzen, halbieren und in schmale lange Streifen schneiden. In einem Topf die Gemüsebrühe zum Kochen bringen und die Zucchini darin in ein paar Minuten bissfest kochen. Die Brühe wieder abgießen.

2 Die Zwiebel und die Knoblauchzehe abziehen, fein würfeln und im heißen Öl glasig dünsten. Die Tomaten hinzufügen, umrühren, mit Salz, Pfeffer und Paprika würzen und alles kurz kochen lassen.

3 Die Zucchini und den zerbröckelten Schafskäse dazugeben, das Ganze kurz aufkochen und abschmecken. Das Fladenbrot vierteln und dazu servieren.

Ungarisches Lecso

700 g Tomaten
1 kg rote, gelbe und grüne Paprikaschoten
3–4 Zwiebeln (150 g)
50 g roher Schinken
1 EL Olivenöl
1 TL edelsüßes Paprikapulver
Salz
Pfeffer
2 EL saure Sahne (10 % F.)

Für 4 Personen ▪ Zubereitungszeit: ca. 40 Min.
Pro Portion: 115 kcal ▪ 2,5 g Fett ▪ 15 g KH ▪ 20 % kcal aus Fett

1 Die Tomaten über Kreuz einritzen, kurz überbrühen, enthäuten, vierteln und entkernen. Die Paprikaschoten waschen, halbieren und entkernen. Die Zwiebeln abziehen und alles in Streifen schneiden.

2 Den Schinken würfeln und im heißen Öl anbraten. Zwiebel- und Paprikastreifen dazugeben und mitdünsten. Das Paprikapulver darüber stäuben.

3 Die Tomaten dazugeben. Das Ganze mit Salz und Pfeffer würzen und bei starker Hitze etwa 3 Minuten offen dünsten, bis ein Teil des Saftes verdampft ist.

4 Das Gericht dann zugedeckt bei schwacher Hitze etwa 20 Minuten schmoren lassen und mit saurer Sahne obenauf servieren.

TIPP: **Dazu passt Reis oder Kartoffelpüree.**

Gemüseeintopf mit Käsecroûtons

- 2 Fleischtomaten
- 3 Stangen Staudensellerie
- 200 g Möhren
- 200 g Brokkoli
- 1 Zwiebel
- 1 TL Sonnenblumenöl
- 6 EL flüssiger Würzfond Gemüse
- 4 Scheiben Toastbrot
- 4 TL geriebener Parmesan

Für 4 Personen ■ Zubereitungszeit: ca. 35 Min.
Pro Portion: 150 kcal ■ 4 g Fett ■ 22 g KH ■ 24 % kcal aus Fett

1 Die Tomaten waschen und in kleine Würfel schneiden. Staudensellerie und Möhren waschen bzw. putzen und in Scheiben schneiden. Den Brokkoli in Röschen teilen und waschen. Die Zwiebel abziehen und in Würfel schneiden.

2 Das Öl in einem Topf heiß werden lassen, Zwiebel darin andünsten, Gemüse dazugeben und kurz mitdünsten. 1 Liter Wasser dazugießen und alles zum Kochen bringen. Den Würzfond hinzufügen und ca. 20 Minuten bei geringer Wärmezufuhr kochen.

3 Das Toastbrot diagonal in Viertel schneiden. Die Ecken in einer beschichteten Pfanne von einer Seite leicht rösten, wenden, mit Parmesan bestreuen und auf der anderen Seite auch bräunen. Die Croûtons zum Gemüseeintopf servieren.

Ofenkartoffeln mit Lauch-Apfel-Füllung

- 4 große Kartoffeln
- Salz
- 1 EL Butter
- 1 Stange Lauch
- 200 g Äpfel
- 2 EL gehackte Petersilie
- 100 g saure Sahne (10 % F.)
- Pfeffer
- frisch geriebene Muskatnuss

Für 4 Personen ■ Zubereitungszeit: ca. 15 Min. ■ Backzeit: ca. 1 Std.
Pro Portion: 172 kcal ■ 5 g Fett ■ 26 g KH ■ 26 % kcal aus Fett

1 Die Kartoffeln waschen, jeweils einen Deckel abschneiden und die Kartoffeln aushöhlen. Innen salzen und mit Butter ausstreichen.

2 Den Backofen auf 200 °C vorheizen. Den Lauch putzen und waschen und in Ringe schneiden. Die Äpfel waschen und in dünne Streifen schneiden. Lauch und Äpfel mit Petersilie und saurer Sahne verrühren und mit Salz und Pfeffer würzen.

3 Die Kartoffeln mit der Lauch-Apfel-Mischung füllen, in Alufolie wickeln und im Backofen ca. 1 Stunde backen.

Gemüsegulasch

Für 4 Personen ▪ Zubereitungszeit: ca. 40 Min.
Pro Portion: 168 kcal ▪ 3,5 g Fett ▪ 27 g KH ▪ 18 % kcal aus Fett

1 Die Zwiebel abziehen und in Würfel schneiden. Die Knoblauchzehe abziehen und zerdrücken. Das Öl in einem großen Topf erhitzen, Zwiebel und Knoblauch darin glasig dünsten.

2 Möhren, Paprika, Lauch, Tomaten und Zucchini putzen, waschen und in Stücke oder Würfel schneiden. Außer den Tomaten alles in den Topf dazugeben, unter Rühren kurz anbraten, salzen und pfeffern. Die Gemüsebrühe angießen, die Tomaten hinzufügen und das Gemüsegulasch zugedeckt ca. 20 Minuten garen.

3 Inzwischen die geschälten Kartoffeln gar kochen, mit dem Gulasch anrichten und mit der Petersilie bestreuen.

1 Zwiebel, 1 Knoblauchzehe
1 EL Olivenöl
200 g Möhren
200 g Paprikaschoten
200 g Lauch
200 g Tomaten
200 g Zucchini
Salz, Pfeffer
250 ml Gemüsebrühe
500 g Kartoffeln
1 EL gehackte Petersilie

Überbackener Blumenkohl

Für 4 Personen ▪ Zubereitungszeit: ca. 30 Min. ▪ Backzeit: ca. 15 Min.
Pro Portion: 179 kcal ▪ 4 g Fett ▪ 24 g KH ▪ 20 % kcal aus Fett

1 Die Kartoffeln waschen, in Salzwasser ca. 25 Minuten kochen, bis sie gar sind, und abgießen. Pellen, zerstampfen oder durch die Kartoffelpresse drücken, Joghurt und Muskatnuss hinzufügen und zu Kartoffelpüree rühren.

2 Inzwischen Blumenkohl putzen, waschen, den Strunk entfernen und in Röschen teilen. In einem Topf ca. ½ Liter Salzwasser zum Kochen bringen, Blumenkohlröschen hineingeben und ca. 10 Minuten kochen. Abgießen und abtropfen lassen, Kochwasser dabei auffangen.

3 Den Backofen auf 200 °C vorheizen. In einem Topf ¼ Liter Kochwasser und die Milch erwärmen. Die Sauce einrühren, unter Rühren aufkochen und bei geringer Hitze ca. 1 Minute kochen, dabei gelegentlich umrühren. Den Käse dazugeben und schmelzen lassen.

4 Den Blumenkohl in die Mitte einer Auflaufform geben und das Kartoffelpüree darum verteilen. Die Sauce über den Blumenkohl gießen und alles im Backofen ca. 15 Minuten überbacken.

500 g Kartoffeln
Salz
100 g Joghurt (1,5 % F.)
frisch geriebene Muskatnuss
1 Kopf Blumenkohl
125 ml Milch (1,5 % F.)
1 Päck. helle Sauce Holländische Art
60 g geriebener Edamer (30 % F. i. Tr.)

Mit Fleisch & Fisch

Putenschnitzel mit Mozzarella (Foto)

4 Putenschnitzel (à 150 g)
Salz
Pfeffer
1 EL Olivenöl
125 g Mozzarella
1 Dose stückige Tomaten (285 ml Inhalt)
½ Bund Schnittlauch
½ Päck. geriebene Zitronenschale
500 g Baguette

Für 4 Personen ▪ Zubereitungszeit: ca. 25 Min.
Pro Portion: 585 kcal ▪ 11 g Fett ▪ 71 g KH ▪ 17 % kcal aus Fett

1 Den Grill oder Backofen auf 250 °C vorheizen. Die Putenschnitzel mit Salz und Pfeffer würzen und in einer beschichteten Pfanne im heißen Öl von jeder Seite 3 bis 4 Minuten braten. Nebeneinander in eine feuerfeste Form legen.

2 Den Mozzarella in 8 Scheiben schneiden. Je 2 Mozzarellascheiben auf jedes Schnitzel legen, die Tomatenwürfel darauf verteilen, leicht salzen und pfeffern. Die Putenschnitzel im Ofen auf der mittleren Schiene etwa 5 Minuten überbacken.

3 Den Schnittlauch waschen, trockenschütteln und in Röllchen schneiden. Zum Servieren die Schnittlauchröllchen und die Zitronenschale über das Fleisch streuen und das Baguette dazu servieren.

TIPP: Anstelle von Baguette schmecken dazu auch Ofenkartoffeln sehr gut.

Putengeschnetzeltes mit Pfirsich

500 g Putenfilet
2–3 Zwiebeln (100 g)
1 EL Sonnenblumenöl
Salz, Pfeffer
1 TL Currypulver
125 ml Weißwein
½ Dose Pfirsiche (1 Dose à 465 g Abtropfgewicht)
200 ml Kaffeesahne (4 % F.)
20 g Mandelblättchen

Für 4 Personen ▪ Zubereitungszeit: ca. 20 Min.
Pro Portion: 260 kcal ▪ 8 g Fett ▪ 13 g KH ▪ 28 % kcal aus Fett

1 Das Putenfilet in dünne Streifen schneiden. Die Zwiebeln abziehen und in Würfel schneiden.

2 Putenstreifen und Zwiebeln in der Pfanne portionsweise im Öl anbraten. Mit Salz, Pfeffer und Curry kräftig abschmecken und mit dem Wein ablöschen.

3 Die Pfirsiche abtropfen lassen, würfeln, dazugeben und das Ganze etwa 3 Minuten durchziehen lassen. Die Kaffeesahne dazugießen, erwärmen, das Gericht aber nicht mehr kochen lassen.

4 Inzwischen die Mandelblättchen in einer Pfanne ohne Fett goldbraun rösten und über das Geschnetzelte streuen.

TIPP: Servieren Sie dazu Nudeln, z. B. Tagliatelle, und einen frischen Salat.

Putengulasch aus der Provence

600 g Zwiebeln
750 g Putengulasch
1 EL Olivenöl
250 ml trockener Weißwein
½ l Geflügelbrühe
1 EL getrockneter Thymian
Salz
Pfeffer
1 Glas (156 ml) grüne Oliven, mit Paprika gefüllt
1–2 EL heller Saucenbinder
100 ml Kaffeesahne (4 % F.)

Für 4 Personen ■ Zubereitungszeit: ca. 50 Min.
Pro Portion: 399 kcal ■ 11 g Fett ■ 15 g KH ■ 25 % kcal aus Fett

1 Die Zwiebeln abziehen und achteln. Das Putenfleisch in mundgerechte Stücke schneiden. Das Öl erhitzen und das Gulasch rundherum kräftig anbraten. Die Zwiebeln hinzufügen und ca. 5 Minuten mit anbraten.

2 Den Weißwein und die Brühe hinzufügen und das Gulasch mit Thymian, Salz und Pfeffer würzen. Zugedeckt ca. 35 Minuten bei geringer Hitze schmoren lassen.

3 Die Oliven abgießen und halbieren. Das Gulasch mit dem Saucenbinder leicht binden, die Sahne unterrühren und die Oliven dazugeben. Das Gulasch abschmecken, vorsichtig beim Salzen sein, da die Oliven auch schon salzig sind.

TIPP: Servieren Sie zum Putengulasch eine Wildreismischung.

Gefüllte Putenschnitzel

4 dünne Putenschnitzel (à 150 g)
Salz
Pfeffer
2 Scheiben gekochter Schinken
1 Tomate
4 EL Gewürzketchup
4 Scheibletten Schmelzkäse (20 % F.)
etwas Basilikum, frisch oder TK
1 EL Olivenöl

Für 4 Personen ■ Zubereitungszeit: ca. 20 Min.
Pro Portion: 240 kcal ■ 6 g Fett ■ 4 g KH ■ 22 % kcal aus Fett

1 Die Putenschnitzel mit dem Handballen leicht flachklopfen, salzen und pfeffern. Vom Schinken den Fettrand entfernen und jede Scheibe halbieren. Die Tomate waschen und in acht Scheiben schneiden.

2 Auf jedem Schnitzel 1 Esslöffel Gewürzketchup verstreichen. Je eine halbe Scheibe Schinken, eine Scheiblette und zwei Tomatenscheiben darauf legen und etwas Basilikum darüber streuen.

3 Die Putenschnitzel zusammenklappen und mit Zahnstochern feststecken. Das Öl in einer Pfanne erhitzen und die Schnitzel darin von jeder Seite etwa 4 Minuten braten. Zum Schluss die Schnitzel kurz durchziehen lassen und servieren.

Hähnchen-Paprika-Pfanne

Für 4 Personen ▪ Zubereitungszeit: ca. 45 Min.
Pro Portion: 603 kcal ▪ 5 g Fett ▪ 91 g KH ▪ 7,5 % kcal aus Fett

4 Hähnchenbrustfilets ohne Haut (à 150 g)
Salz
Pfeffer
Paprikapulver
2 kleine Zwiebeln
je 2 rote und gelbe Paprikaschoten
1 EL Sonnenblumenöl
400 g Reis
8 EL flüssiger Würzfond Huhn
300 g TK-Erbsen

1 Die Hähnchenbrustfilets mit Salz, Pfeffer und Paprika würzen. Die Zwiebeln abziehen und in Würfel schneiden. Die Paprikaschoten putzen, waschen, entkernen und in kleine Stücke schneiden.

2 In einer Pfanne das Öl erhitzen und das Fleisch darin von allen Seiten anbraten. Zwiebeln, Paprikastücke und Reis dazugeben und kurz mitdünsten. 1 Liter Wasser dazugießen und alles zum Kochen bringen. Den Würzfond hinzufügen, kurz unterrühren und die Reispfanne bei geringer Wärmezufuhr zugedeckt ca. 20 Minuten ausquellen lassen.

3 Kurz vor Ende der Garzeit die Erbsen dazugeben und heiß werden lassen. Zum Schluss nochmals nach Belieben mit Pfeffer abschmecken.

Gefüllte Hähnchenfilets

Für 2 Personen ▪ Zubereitungszeit: ca. 25 Min.
Pro Portion: 175 kcal ▪ 4,5 g Fett ▪ 17 g KH ▪ 23 % kcal aus Fett

2 Hähnchenbrustfilets ohne Haut (à 120 g)
Salz
Pfeffer
1 hauchdünne Scheibe Parmaschinken
4 frische Salbeiblättchen
1 TL Öl
50 ml Marsala
6 Artischockenhälften (Dose/Glas)
200 g Rucola

1 Die Hähnchenbrustfilets salzen und pfeffern und in die Mitte jedes Filets eine Tasche schneiden. Jeweils eine halbe Scheibe Schinken (ohne Fettrand) und zwei Salbeiblättchen hineinlegen. Die Fleischtaschen mit Zahnstochern feststecken.

2 Das Öl in einer Pfanne erhitzen und das Fleisch darin von jeder Seite etwa 4 Minuten braten. Herausnehmen und in Alufolie wickeln. Den Bratensatz mit Marsala auflösen und etwas einkochen, nach Belieben mit Salz und Pfeffer würzen.

3 Die Artischocken abtropfen lassen, dabei die Flüssigkeit aufbewahren. Rucola verlesen, waschen, trockenschütteln, grob zerzupfen und mit 2 Esslöffeln Artischockenflüssigkeit beträufeln.

4 Die Hähnchenfilets aus der Folie wickeln, auf Tellern anrichten und mit der Marsalasauce und dem Fleischsaft aus der Folie beträufeln. Mit dem Rucolasalat und den Artischocken servieren.

TIPP: Dazu passen Baguette oder Tagliatelle.

Hähnchencurry mit Ananas

Für 4 Personen ▪ Zubereitungszeit: ca. 30 Min.
Pro Portion: 275 kcal ▪ 5 g Fett ▪ 20 g KH ▪ 16 % kcal aus Fett

- 1 EL Mandelblättchen
- 600 g Hähnchenbrustfilet
- Salz, Pfeffer
- 20 g frischer Ingwer (oder etwas Ingwerpulver)
- 2 Zwiebeln
- 2 EL Mehl, 1 EL Currypulver
- etwas Cayennepfeffer
- 1 EL Sonnenblumenöl
- 250 ml Geflügelbrühe
- 1 Dose Ananas in Stücken (260 g Abtropfgewicht)
- 4 EL Kaffeesahne (4 % F.)

1 Die Mandelblättchen in einer Pfanne ohne Fettzugabe leicht anrösten. Das Hähnchenbrustfilet in große Würfel schneiden, salzen und pfeffern. Den Ingwer und die Zwiebeln schälen bzw. abziehen und fein würfeln.

2 Mehl, Curry und etwas Cayennepfeffer mischen und die Hähnchenwürfel darin wenden. Das überschüssige Mehl abschütteln.

3 In einem Topf das Öl heiß werden lassen und die Hähnchenwürfel darin kräftig rundum anbraten. Die Zwiebeln und den Ingwer hinzufügen und kurz mitbraten. Die Brühe angießen und das Ganze etwa 10 Minuten kochen lassen.

4 Die Ananas abtropfen lassen und unterheben. Das Curry nochmals aufkochen lassen und abschmecken. Zum Schluss die Kaffeesahne unterrühren. Das Curry mit den Mandelblättchen bestreut servieren.

TIPP: **Zum Hänchencurry Basmatireis und Salat servieren.**

Sahnehähnchen im Kartoffelbett

Für 4 Personen ▪ Zubereitungszeit: ca. 15 Min. ▪ Backzeit: ca. 45 Min.
Pro Portion: 362 kcal ▪ 9 g Fett ▪ 26 g KH ▪ 22 % kcal aus Fett

- 600 g Kartoffeln
- 1 Zwiebel
- 1 TL Olivenöl
- Salz, Pfeffer
- frisch geriebene Muskatnuss
- 4 Hähnchenbrustfilets (à 150 g)
- 150 g saure Sahne (10 % F.)
- 150 ml Milch (1,5 % F.)
- 1 Ei
- 1 EL Mehl
- 1 Knoblauchzehe
- Paprikapulver
- 1 EL gehackte Petersilie

1 Die Kartoffeln waschen, schälen und mit dem Gurkenhobel in dünne Scheiben schneiden. Die Zwiebel abziehen, halbieren und in Scheiben schneiden. Die Kartoffel- und Zwiebelscheiben dachziegelartig in eine mit Öl gefettete Auflaufform geben und mit Salz, Pfeffer und Muskat würzen.

2 Den Backofen auf 200 °C vorheizen. Die Hähnchenbrustfilets auf die Kartoffelscheiben legen. Die saure Sahne, die Milch, das Ei, das Mehl und den durchgepressten Knoblauch verrühren, mit Salz, Pfeffer und Paprika abschmecken und über die Hähnchenbrustfilets gießen. Dabei müssen die Kartoffelscheiben vollständig mit der Sauce bedeckt sein, sonst noch etwas Milch dazugeben.

3 Den Kartoffel-Hähnchen-Auflauf zunächst im Backofen ca. 30 Minuten backen. Aus dem Ofen nehmen, mit Aluminiumfolie abdecken und weitere 15 Minuten garen. Mit Petersilie bestreut servieren.

Hähnchen-Gemüse-Topf

Für 2 Personen ■ Zubereitungszeit: ca. 45 Min.
Pro Portion: 250 kcal ■ 4 g Fett ■ 21 g KH ■ 14 % kcal aus Fett

200 g Hähnchenbrustfilet
Salz
Pfeffer
1 TL Sonnenblumenöl
300 g Brokkoli
3 Möhren
200 g Kartoffeln
2 TL gekörnte Geflügelbrühe
etwas gehackte Petersilie

1 Das Hähnchenbrustfilet in Streifen schneiden und mit Salz und Pfeffer würzen. Die Fleischstreifen im heißen Öl anbraten, herausnehmen und zur Seite stellen.

2 Den Brokkoli putzen, waschen und klein schneiden, die Stiele schälen. Die Möhren putzen, schälen und in Scheiben schneiden. Beides im verbliebenen Bratfett der Fleischstreifen kurz braten.

3 Inzwischen die Kartoffeln schälen und in mundgerechte Stücke schneiden. Die Kartoffelstücke zum Gemüse geben. ¼ Liter Wasser angießen, zum Kochen bringen und die Geflügelbrühe darin auflösen.

4 Alles etwa 15 Minuten kochen lassen, die Fleischstreifen dazugeben und das Gericht weitere 5 Minuten kochen. Mit Petersilie bestreut servieren.

Chicken-Nuggets

- 1 kg Putenbrust ohne Haut
- Salz
- Pfeffer
- Gewürze und Kräuter nach Geschmack, z. B. Paprikapulver, Currypulver, Thymian, Rosmarin
- 100 g Erdnüsse (ohne Öl geröstet)
- 100 g Paniermehl
- 3 Eiweiß
- 2 TL Öl

Für 4 Personen ■ Zubereitungszeit: ca. 15 Min. ■ Backzeit: 20–25 Min.
Pro Portion: 525 kcal ■ 17 g Fett ■ 20 g KH ■ 29 % kcal aus Fett

1 Den Backofen auf 190 °C vorheizen. Das Fleisch in etwa 2 cm große Stücke schneiden, salzen und pfeffern. Mit den Gewürzen nach Belieben bestreuen und diese etwas andrücken.

2 Die Erdnüsse fein hacken, mit dem Paniermehl mischen. Eiweiß mit dem Öl steif schlagen. Das Fleisch zuerst durch den Eischnee ziehen, dann in der Paniermehl-Erdnuss-Mischung wälzen.

3 Die Nuggets auf ein mit Backpapier ausgelegtes Blech legen und im Ofen auf der mittleren Schiene 20 bis 25 Minuten backen. Zum Schluss eventuell den Grill dazuschalten, damit die Nuggets schön knusprig werden.

Chinesische Hühnerpfanne

- 200 g Hähnchenbrustfilet
- Salz
- Pfeffer
- 1 grüne Paprikaschote
- 2 Möhren
- 100 g Chinakohl
- 2 Zwiebeln
- 1 EL Sonnenblumenöl
- 2 TL gekörnte Geflügelbrühe
- 4 EL Sojabohnensprossen
- 1 EL Sojasauce
- 100 g Glasnudeln

Für 2 Personen ■ Zubereitungszeit: ca. 30 Min.
Pro Portion: 280 kcal ■ 7 g Fett ■ 27 g KH ■ 23 % kcal aus Fett

1 Das Hähnchenbrustfilet in Streifen schneiden, mit Salz und Pfeffer würzen. Die Paprikaschote waschen, halbieren und entkernen. Die Möhren putzen und schälen, den Chinakohl waschen und trocknen. Alles in feine Streifen schneiden. Die Zwiebeln abziehen und klein schneiden.

2 Das Hähnchenfleisch in der Pfanne im Öl anbraten. Das Gemüse zum Fleisch geben und kurz mitbraten. 1 Tasse (150 Milliliter) Wasser und die Geflügelbrühe hinzufügen und die Hühnerpfanne etwa 3 Minuten dünsten.

3 Die Sojabohnensprossen dazugeben, heiß werden lassen und das Gericht mit der Sojasauce würzen. Die Glasnudeln nach Packungsanweisung zubereiten, abgießen und zur Hühnerpfanne servieren.

Gänsebrust mit Trauben

Für 4 Personen ▪ Zubereitungszeit: ca. 1 Std. 30 Min.
Pro Portion: 267 kcal ▪ 8 g Fett ▪ 12 g KH ▪ 27 % kcal aus Fett

1 Gänsebrust (700 g)
2 Thymianzweige
Pfeffer
Salz
1 TL Raps- oder Sonnenblumenöl
250 ml Geflügelbrühe
250 ml Weißwein (oder Apfelsaft mit ½ TL Zitronensaft)
250 g kleine kernlose Weintrauben
1–2 EL heller Saucenbinder
Zucker
1 EL Kaffeesahne (4 % F.)

1 Die Haut und den Knochen der Gänsebrust ablösen. Die Gänsebrust abspülen, trockentupfen und mit Thymianblättchen, Pfeffer und Salz einreiben.

2 Im heißen Öl von beiden Seiten anbraten, eventuell auch den Knochen mit anbraten. Brühe und Wein dazugeben und die Brust abgedeckt bei kleiner Hitze etwa 1 Stunde schmoren lassen.

3 Die Trauben abspülen, von den Stielen zupfen, 5 Minuten vor Ende der Garzeit zum Fleisch geben und mitschmoren.

4 Das Fleisch herausnehmen, in Alufolie wickeln und warm halten. Die Sauce eventuell entfetten, dazu das Fett mit einer Schöpfkelle vorsichtig abnehmen. Mit Saucenbinder binden, mit Salz, Pfeffer und Zucker abschmecken und die Sahne unterrühren. Das Fleisch in Scheiben schneiden und die Sauce dazu servieren.

TIPP: Dazu schmecken kleine Kartoffelklöße und gedünsteter Wirsing.

Entenbrust mit Ananaskraut

Für 4 Personen ▪ Zubereitungszeit: ca. 1 Std.
Pro Portion: 528 kcal ▪ 14 g Fett ▪ 31 g KH ▪ 24 % kcal aus Fett

2 Entenbrustfilets (à 600 g)
Salz, Pfeffer
1 Zwiebel
3–4 Thymianzweige
1 kleine Dose Ananasstücke (235 g Inhalt)
1 TL Öl
1 Dose Sauerkraut (770 g)
5 Wacholderbeeren
1 Lorbeerblatt
150 ml Geflügelbrühe

1 Von den Entenbrustfilets die Haut sorgfältig ablösen. Salzen und pfeffern und in einer beschichteten Pfanne ohne Fett von beiden Seiten anbraten. Bei geringer Hitze in 15 bis 20 Minuten fertig braten. Herausnehmen, in Alufolie wickeln und ruhen lassen.

2 Die Zwiebel abziehen und würfeln. Den Thymian waschen, trockentupfen und die Blättchen abzupfen. Die Ananasstücke abtropfen lassen und den Saft auffangen.

3 Die Zwiebelwürfel in heißem Öl andünsten. Das Sauerkraut zerpflücken, mit den Gewürzzutaten und Thymianblättchen zu den Zwiebeln geben. Die Geflügelbrühe und die Hälfte vom Ananassaft dazugießen und etwa 20 Minuten schmoren.

4 Zum Schluss die Ananasstücke unter das Kraut heben und nochmals abschmecken. Die Entenbrust in Scheiben schneiden und mit dem Ananaskraut anrichten.

TIPP: Dazu schmeckt Kartoffelpüree.

Fleischspieße mit Kraut auf asiatische Art (Foto)

- 2 Knoblauchzehen
- 4 EL Mangochutney
- 3 EL Sesamöl, Salz
- 1 TL bunter, grob geschroteter Pfeffer
- je 1 kleine grüne und rote Paprikaschote
- 300 g Schweinefilet
- 200 g Basmati- & Thai-Reis
- 2 EL Rosinen
- 1 kleine Dose Sauerkraut (550 g)
- 1 Glas Uncle Ben's Fix für Fleischpfanne chinesisch süßsauer
- etwas Zucker

Für 4 Personen ■ Zubereitungszeit: ca. 30 Min. ■ Marinierzeit: ca. 30 Min.
Pro Portion: 430 kcal ■ 12 g Fett ■ 55 g KH ■ 25% kcal aus Fett

1 Die Knoblauchzehen abziehen. Das Chutney mit dem Sesamöl, etwas Salz und dem Pfeffer zu einer Marinade verrühren, den Knoblauch dazupressen und alles mit dem Stabmixer pürieren.

2 Die Paprikaschoten waschen, halbieren, entkernen und in breite Streifen schneiden. Das Schweinefilet in lange Streifen schneiden und mit den Paprikastücken wellig auf Spieße stecken. Mit der Marinade bestreichen und etwa 30 Minuten marinieren lassen.

3 Den Reis mit den Rosinen nach Packungsanweisung garen. Währenddessen die Fleischspieße in einer beschichteten Pfanne ohne zusätzliches Fett anbraten.

5 Das Sauerkraut zusammen mit dem »Fix für Fleischpfanne« erhitzen, mit Salz und Zucker abschmecken. Die Fleischspieße mit Sauerkraut und Reis servieren.

TIPP: Mangochutney erhalten Sie in der Feinkostabteilung Ihres Supermarktes.

Überbackene Schweineschnitzel

- 4 Schweineschnitzel aus der Oberschale (à 150 g)
- 1 Knoblauchzehe, Salz, Pfeffer
- 1 TL getrockneter Oregano
- ½ TL getrockneter Salbei
- 2 EL Olivenöl
- 120 g Mozzarella
- 4 Tomaten
- 8 Scheiben Lachsschinken
- ½ Topf Basilikum
- 500 g Baguette

Für 4 Personen ■ Zubereitungszeit: ca. 25 Min.
Pro Portion: 648 kcal ■ 15 g Fett ■ 71 g KH ■ 21% kcal aus Fett

1 Die Schnitzel mit dem Handballen leicht flach klopfen. Die Knoblauchzehe abziehen und halbieren, das Fleisch damit kräftig einreiben, mit Salz, Pfeffer, Oregano und Salbei bestreuen bzw. einreiben. Den Backofen auf 200 °C vorheizen.

2 Die Schnitzel im heißen Öl von einer Seite 4 Minuten, von der anderen 2 Minuten braten. Das Fleisch mit der kürzer gebratenen Seite nach oben in eine feuerfeste Form legen. Mozzarella und Tomaten in dünne Scheiben schneiden. Auf jedes Schnitzel je 2 Scheiben Schinken und Mozzarella legen und die Tomatenscheiben darauf verteilen.

3 Alles mit Salz, Pfeffer und Basilikumblättchen bestreuen und im Ofen überbacken, bis der Käse zerläuft. Das Baguette kurz vor Ende der Backzeit mit in den Ofen schieben, knusprig aufbacken, in dicke Scheiben schneiden und zum überbackenen Schnitzel servieren.

Rinderfilet mit Zwiebeln

350 g rote Zwiebeln
2 TL Öl
250 ml Gemüsebrühe
1 EL Rotweinessig
2 EL Mangochutney
Salz
Pfeffer
etwas Zucker
250 g Tagliatelle
300 g Rinderfilet
etwas Koriandergrün

Für 2 Personen ▪ Zubereitungszeit: ca. 30 Min.
Pro Portion: 750 kcal ▪ 13 g Fett ▪ 109 g KH ▪ 16 % kcal aus Fett

1 Die Zwiebeln abziehen, in Scheiben schneiden und in der Pfanne in 1 Teelöffel Öl andünsten. Mit der Brühe ablöschen. Essig, Mangochutney, etwas Salz, Pfeffer und Zucker hinzufügen und das Ganze etwa 10 Minuten dünsten.

2 Inzwischen die Nudeln nach Packungsanweisung in reichlich Salzwasser bissfest garen, abgießen, kalt abschrecken und abtropfen lassen.

3 Das Rinderfilet in Scheiben schneiden und im restlichen Öl auf beiden Seiten braten. Die Filets auf zwei Teller verteilen, mit Salz und Pfeffer würzen, das Zwiebelgemüse und die Nudeln dazugeben und das Ganze mit Korianderblättchen bestreuen.

TIPP: Statt der Nudeln schmecken auch Backofen-Pommesfrites oder Baguette sehr gut zum Rinderfilet mit Zwiebelgemüse.

Schlemmersteaks

4 Minutensteaks vom Schwein (à 125 g)
etwas Öl oder Bratfolie zum Braten
500 g Champignons
300 g Zwiebeln
Salz
Pfeffer
1 TL Currypulver
125 ml Weißwein
200 ml Kaffeesahne (4 % F.)
1 TL Speisestärke

Für 4 Personen ▪ Zubereitungszeit: ca. 20 Min. ▪ Backzeit: ca. 45 Min.
Pro Portion: 245 kcal ▪ 4 g Fett ▪ 11 g KH ▪ 15 % kcal aus Fett

1 Die Steaks in einer beschichteten Pfanne in wenig Öl oder mit Bratfolie und ohne Fett von beiden Seiten goldbraun anbraten. Das Fleisch nebeneinander in eine leicht gefettete Auflaufform legen. Den Backofen auf 180 °C vorheizen.

2 Die Champignons putzen und in dünne Scheiben schneiden. Die Zwiebeln abziehen und fein würfeln, beides in der Pfanne erhitzen und im eigenen Saft einkochen lassen, eventuell etwas Wasser dazugeben.

3 Das Champignongemüse mit Salz, Pfeffer und Curry kräftig würzen und das Fleisch damit bedecken.

4 Den Weißwein, die Kaffeesahne und die Stärke verrühren und über das Ganze gießen. Die Steaks im Backofen auf der mittleren Schiene etwa 45 Minuten garen.

TIPP: Als Beilagen eignen sich Reis und grüner Salat zum Steak.

Rinderfilet Mexiko

Für 4 Personen ▪ Zubereitungszeit: ca. 10 Min. ▪ Backzeit: ca. 25 Min.
Pro Portion: 400 kcal ▪ 10,5 g Fett ▪ 34 g KH ▪ 24 % kcal aus Fett

4 Scheiben Rinderfilet (à 150 g)
1 Flasche Texicana-Salsa (500 ml)
400 ml Kaffeesahne (4 % F.)

1 Den Backofen auf 200 °C vorheizen. Die Fleischscheiben nebeneinander in eine flache Auflaufform legen.

2 Die Texicana-Salsa mit der Kaffeesahne verrühren und über das Rinderfilet gießen.

3 Das Fleisch im Ofen auf der mittleren Schiene etwa 25 Minuten garen.

TIPP: Zum Rinderfilet frischen Salat und Baguette reichen.

Frankfurter Roastbeefbraten

Für 4 Personen ▪ Zubereitungszeit: ca. 15 Min. ▪ Backzeit: ca. 40 Min.
Pro Portion: 631 kcal ▪ 15 g Fett ▪ 69 g KH ▪ 21 % kcal aus Fett

1 kg Roastbeef
1 Knoblauchzehe
3 Pckg. TK-8-Kräuter
Salz
Pfeffer
50 g Halbfettbutter
400 g Baguette

1 Den Backofen auf 200 °C vorheizen. Die Roastbeef-Fettschicht über Kreuz einschneiden. Die Knoblauchzehe abziehen, durchpressen und mit Kräutern, Salz und Pfeffer unter die Butter rühren.

2 Das Fleisch damit von allen Seiten bestreichen und locker in Alufolie einschlagen. Auf eine Fettpfanne legen und im Backofen ca. 40 Minuten braten. Vor dem Servieren das Fleisch zugedeckt ca. 5 Minuten ruhen lassen, dann aufschneiden und anrichten. Den Braten mit knusprig aufgebackenem Baguette servieren.

Schweinemedaillons mit Fruchtsauce

- 500 g Schweinefilet
- 3 Frühlingszwiebeln
- 1 TL brauner Zucker
- 2 EL gehackte Petersilie
- abgeriebene Schale und Saft von ½ unbehandelten Grapefruit
- Salz
- Pfeffer
- 1 EL Olivenöl
- 150 g ungesüßtes Apfelmus
- 150 ml Geflügelbrühe
- 2 Grapefruits

Für 4 Personen ▪ Zubereitungszeit: ca. 25 Min. ▪ Marinierzeit: ca. 3 Std.
Pro Portion: 237 kcal ▪ 6 g Fett ▪ 15 g KH ▪ 23 % kcal aus Fett

1 Das Schweinefilet in 5 mm dicke Scheiben schneiden. Die Frühlingszwiebeln waschen, putzen und fein hacken, mit Zucker, Petersilie, Grapefruitsaft und -schale in eine Schüssel geben. Mit Salz und Pfeffer würzen, gut mischen, abgedeckt mindestens 3 Stunden kühl stellen.

2 Die Fleischscheiben abtropfen lassen, die Marinade beiseite stellen. Das Öl in einer Pfanne erhitzen und das Fleisch rundherum gut anbraten. Das Apfelmus mit der Brühe und der Marinade mischen und über die Medaillons gießen. Den Deckel auflegen und das Fleisch bei geringer Hitze etwa 7 Minuten garen lassen.

3 Die Grapefruit filetieren, dazu mit einem Messer so schälen, dass auch die weiße Haut entfernt ist, und die Filets herauslösen. Die Filets zum Fleisch geben, kurz erhitzen und servieren.

Schichtfleisch

- 1 kg Schweineschnitzel aus der Oberschale
- Salz
- Pfeffer
- 3 große Zwiebeln
- 1 EL Sonnenblumenöl
- 150 g saure Sahne (10 % F.)
- 250 ml Tomatenketchup

Für 6 Personen ▪ Zubereitungszeit: ca. 10 Min. ▪ Backzeit: ca. 1 Std. 30 Min.
Pro Portion: 283 kcal ▪ 7,5 g Fett ▪ 15 g KH ▪ 24 % kcal aus Fett

1 Die Schnitzel mit Salz und Pfeffer würzen. Die Zwiebeln abziehen und in Scheiben schneiden. Den Backofen auf 175 °C vorheizen.

2 In einer Pfanne die Schnitzel im heißen Öl kurz von beiden Seiten anbraten. Mit den Zwiebelscheiben abwechselnd in einen Bräter schichten.

3 Die saure Sahne mit dem Tomatenketchup verrühren und die Mischung über das Fleisch gießen. Das Schichtfleisch etwa 1½ Stunden im Backofen garen.

Schweinefiletgratin mit Aprikosen

Für 4 Personen ▪ Zubereitungszeit: ca. 10 Min. ▪ Backzeit: ca. 30 Min.
Pro Portion: 380 kcal ▪ 9 g Fett ▪ 31 g KH ▪ 21 % kcal aus Fett

500 g Schweinefilet
Fett für die Form
1 Dose Aprikosen (236 g Abtropfgewicht)
1 Tüte Zwiebelsuppe
400 ml Kaffeesahne (4 % F.)

1 Den Backofen auf 200 °C vorheizen. Das Schweinefilet in etwa 1½ cm dicke Scheiben schneiden und diese nebeneinander in eine flache, gefettete Auflaufform legen.

2 Die Aprikosen abtropfen lassen, den Saft auffangen und die Früchte auf dem Fleisch verteilen.

3 Die Zwiebelsuppe aus der Tüte mit etwa 50 Milliliter Aprikosensaft und der Kaffeesahne verrühren, das Ganze über das Fleisch gießen. Die Schweinefiletscheiben im Backofen auf der mittleren Schiene etwa 30 Minuten garen.

TIPP: **Dazu passen Reis oder Baguette und grüner Salat.**

Dillforelle in der Folie

Für 4 Personen ■ Zubereitungszeit: ca. 15 Min. ■ Backzeit: 15–20 Min.
Pro Portion: 140 kcal ■ 4 g Fett ■ 2 g KH ■ 25 % kcal aus Fett

2 Zwiebeln
4 küchenfertige Forellen (à 250 g)
Salz
Pfeffer
1 Bund Dill
4 EL Weißwein

1 Den Backofen auf 220 °C vorheizen. Die Zwiebeln abziehen und in feine Würfel schneiden. 4 Stück Alufolie ausbreiten. Die Forellen unter fließendem kaltem Wasser spülen, trockentupfen, innen und außen mit Salz und Pfeffer würzen und jeweils eine Forelle auf 1 Stück Folie legen.

2 Die Zwiebelwürfel, die Dillzweige und den Weißwein darauf verteilen. Die Folie locker darüberschlagen, dabei die offenen Seiten doppelt zusammenfalten.

3 Die Fischpäckchen auf ein Backblech legen und im Backofen etwa 15 bis 20 Minuten garen.

Gratinierter Kabeljau

Für 4 Personen ■ Zubereitungszeit: ca. 25 Min. ■ Backzeit: ca. 30 Min.
Pro Portion: 260 kcal ■ 8 g Fett ■ 10 g KH ■ 28 % kcal aus Fett

600 g Kabeljaufilet
Salz
Pfeffer
je 1 rote und gelbe Paprikaschote
1 EL Sonnenblumenöl
1 kleine Stange Lauch
4 EL Weißwein
1 Beutel Tomatencremesuppe
5 EL geriebener Emmentaler (45 % F. i. Tr.)

1 Den Backofen auf 200 °C vorheizen. Das Kabeljaufilet kalt abspülen, trockentupfen, mit Salz und Pfeffer würzen und in eine feuerfeste Form legen.

2 Die Paprika putzen und in dünne Streifen schneiden. In einem Topf im heißen Öl zugedeckt etwa 3 Minuten dünsten.

3 Den Lauch waschen, putzen, in dünne Scheiben schneiden und etwa 2 Minuten mitdünsten. 1/4 Liter Wasser und den Weißwein dazugeben. Die Tomatencremesuppe einrühren, alles noch mal kurz aufkochen und über den Fisch gießen.

4 Den Käse darüber streuen und das Gericht im Backofen auf der mittleren Schiene etwa 30 Minuten backen.

TIPP: Dazu Nudeln oder Reis servieren.

Fischfilet in Weißwein

Für 4 Personen ▪ Zubereitungszeit: ca. 30 Min.
Pro Portion: 190 kcal ▪ 3,5 g Fett ▪ 3 g KH ▪ 17 % kcal aus Fett

4 Seelachsfilets (à 150 g)
1 Zitrone
Salz
4 Tomaten
Pfeffer
2 Zwiebeln
1 EL Butter
200 ml Weißwein

1 Die Fischfilets unter fließendem kaltem Wasser abspülen, abtrocknen. Die Zitrone halbieren, eine Hälfte auspressen, die andere in Viertel schneiden. Die Fischfilets mit etwas Zitronensaft beträufeln, 15 Minuten stehen lassen, trockentupfen und salzen.

2 Die Tomaten waschen, halbieren, mit Salz und Pfeffer bestreuen. Die Zwiebeln abziehen und in Würfel schneiden.

3 Die Butter in einem Topf zerlassen und die Zwiebelwürfel darin andünsten. Die Fischfilets auf die Zwiebeln legen, Tomatenhälften mit der Schnittfläche nach oben daneben setzen, den Wein angießen und alles zum Kochen bringen.

4 Im geschlossenen Topf 10 bis 15 Minuten dünsten. Mit den Zitronenvierteln garniert servieren.

Lachs mit Senfmarinade und Gemüsenudeln

Für 4 Personen ▪ Zubereitungszeit: ca. 30 Min.
Pro Portion: 690 kcal ▪ 21 g Fett ▪ 85 g KH ▪ 27 % kcal aus Fett

4 TK-Lachsfilets (500 g)
Salz
Pfeffer
1 EL Sonnenblumenöl
2 EL scharfer Senf
1 EL Honig
1 EL gehackter Dill
Saft von ½ Zitrone
1 Bund Frühlingszwiebeln
250 g Möhren
3 l Gemüsebrühe
400 g Bandnudeln

1 Die Lachsfilets auftauen.

2 Den Backofen auf 200 °C vorheizen. Die Lachsfilets waschen, trockentupfen und mit Salz und Pfeffer würzen. 1 Teelöffel Sonnenblumenöl mit Senf, Honig, Dill und Zitronensaft verrühren.

3 Die Lachsfilets auf ein mit Backpapier ausgelegtes Backblech legen, mit der Marinade bestreichen und im Backofen ca. 20 Minuten backen.

4 Inzwischen die Frühlingszwiebeln waschen und in Ringe schneiden. Die Möhren putzen bzw. schälen und in Stifte schneiden. Die Gemüsebrühe aufkochen, Bandnudeln und Möhren hineingeben. Die Frühlingszwiebeln 2 Minuten vor Garzeitende dazugeben, das ganze Gemüse bissfest kochen und abgießen. Nicht abtropfen lassen, sondern mit dem restlichen Öl verrühren und mit den Lachsfilets servieren.

Seemannseintopf

- 1 Zwiebel
- 1 Knoblauchzehe
- 3 Tomaten
- 1 grüne Paprikaschote
- 2 Kartoffeln
- 1 EL Sonnenblumenöl
- 1 EL edelsüßes Paprikapulver
- Pfeffer
- 2 EL gekörnte Gemüsebrühe
- 300 g Rotbarschfilet
- 4 Scheiben Weißbrot

Für 4 Personen ■ Zubereitungszeit: ca. 1 Std.
Pro Portion: 265 kcal ■ 6 g Fett ■ 32 g KH ■ 20 % kcal aus Fett

1 Die Zwiebel und die Knoblauchzehe abziehen und klein schneiden. Die Tomaten über Kreuz einritzen, kurz überbrühen, enthäuten, vierteln und entkernen. Die Paprikaschote waschen, halbieren, entkernen und in Stücke schneiden. Die Kartoffeln schälen und in Würfel schneiden.

2 Das Öl in einem Topf erhitzen, Zwiebeln und Knoblauch darin andünsten. Tomaten und Paprikaschoten dazugeben und etwa 5 Minuten dünsten, öfters umrühren.

3 Die Kartoffeln, das Paprikapulver und etwas Pfeffer dazugeben. ½ Liter Wasser angießen, zum Kochen bringen und die Gemüsebrühe darin auflösen. Den Eintopf bei geringer Hitze etwa 30 Minuten zugedeckt garen.

4 Das Rotbarschfilet kalt abspülen, trockentupfen, in grobe Würfel schneiden, zum Eintopf geben und die letzten 10 Minuten mitgaren. Das Weißbrot toasten und zum Eintopf servieren.

Überbackenes Seelachsfilet

- 500 g Seelachsfilet
- Salz
- 3 EL Zitronensaft
- ½ TL Öl
- 1 Pckg. Currysauce (für 250 ml Wasser)
- 1 Dose Mandarinen (314 ml Inhalt)
- 1 Bund Frühlingszwiebeln
- 200 g Champignons
- 1 EL rote Pfefferkörner

Für 2 Personen ■ Zubereitungszeit: ca. 25 Min. ■ Backzeit: ca. 20 Min.
Pro Portion: 285 kcal ■ 9,5 g Fett ■ 25 g KH ■ 30 % kcal aus Fett

1 Den Backofen auf 200 °C vorheizen. Das Seelachsfilet kalt abspülen, trockentupfen, in große Stücke teilen, salzen und mit dem Zitronensaft beträufeln. Die Fischstücke in eine gefettete Auflaufform legen.

2 In einem Topf ¼ Liter Wasser zum Kochen bringen, das Currysaucenpulver einrühren und die Sauce etwa 1 Minute kochen lassen. Die Mandarinen abtropfen lassen, den Saft dabei auffangen. 2 Esslöffel Saft unter die Sauce rühren.

3 Die Frühlingszwiebeln putzen, waschen und in Ringe schneiden. Die Champignons putzen und in Scheiben schneiden. Beides mit den Mandarinen in die Sauce geben und diese über den Fisch gießen. Das Gericht im Ofen auf der mittleren Schiene etwa 20 Minuten überbacken. Die Pfefferkörner vor dem Servieren darüber streuen.

TIPP: Zum überbackenen Seelachsfilet passen frischer Salat und Reis.

Fruchtiges Rotbarschfilet

Für 2 Personen ▪ Zubereitungszeit: ca. 25 Min.
Pro Portion: 325 kcal ▪ 6 g Fett ▪ 32 g KH ▪ 17 % kcal aus Fett

- 350 g Rotbarschfilet
- 1 EL Zitronensaft
- 1 TL Currypulver
- 1 TL edelsüßes Paprikapulver
- Salz, 1 Zwiebel
- 1 EL Butter
- 1 kleine Dose Ananas in Stücken (235 g Abtropfgewicht)
- 2 Bananen
- 100 g TK-Erbsen

1 Das Fischfilet kalt abspülen, trockentupfen und in mundgerechte Stücke schneiden. Die Fischstücke mit Zitronensaft beträufeln, mit Curry, Paprika und Salz würzen.

2 Die Zwiebel abziehen, fein hacken und in einer Pfanne mit der Butter andünsten. Die Fischstücke dazugeben und zugedeckt etwa 8 Minuten bei mittlerer Hitze garen.

3 Die Ananasstücke abtropfen lassen. Die Bananen schälen und in Scheiben schneiden. Beides zusammen mit den Erbsen in die Fischpfanne geben. Das Ganze weitere 5 Minuten garen.

TIPP: Dazu schmeckt Reis.

Mit Pasta & Reis

Grüne Tagliatelle mit Linsen (Foto)

250 g rote Linsen
2 Zwiebeln
2 Knoblauchzehen
2 EL Olivenöl
½ TL Zimtpulver
1 Dose stückige Tomaten (285 g Inhalt)
Salz
Pfeffer
350 g grüne Tagliatelle
1 EL Butter
einige Zweige Koriandergrün
100 g geriebener Parmesan

Für 4 Personen ▪ Zubereitungszeit: ca. 40 Min.
Pro Portion: 680 kcal ▪ 17 g Fett ▪ 96 g KH ▪ 23 % kcal aus Fett

1 Die Linsen waschen. Zwiebeln und Knoblauchzehen abziehen und fein würfeln.

2 Das Olivenöl in einer großen Pfanne erhitzen und die Zwiebelwürfel darin andünsten. Knoblauch, Zimt, Linsen, Tomaten und etwa ½ Liter Wasser hinzufügen und alles zum Kochen bringen.

3 Die Hitze reduzieren und die Mischung etwa 10 Minuten kochen lassen, bis die Linsen weich sind. Mit Salz und Pfeffer würzen.

4 In der Zwischenzeit die Tagliatelle nach Packungsanweisung in reichlich Salzwasser bissfest kochen. Die Nudeln abgießen und mit der Butter zurück in den noch warmen Topf geben und durchschwenken.

5 Die Linsensauce darüber gießen, das Gericht mit Koriander garnieren und sofort servieren. Den geriebenen Parmesan getrennt dazu reichen.

Nudelauflauf mit Schinken und Gemüse

400 g Spiralnudeln
Salz
600 ml Milch (1,5 % F.)
2 EL Mehl
Pfeffer
Muskatnuss
300 g gekochter Schinken ohne Fettrand
350 g gemischtes TK-Gemüse (z. B. Erbsen, Möhren und Mais)
2 EL Semmelbrösel aus Vollkornweizentoastbrot

Für 4 Personen ▪ Zubereitungszeit: ca. 15 Min. ▪ Backzeit: ca. 20 Min.
Pro Portion: 635,8 kcal ▪ 8,2 g Fett ▪ 92,8 g KH ▪ 11,6 % kcal aus Fett

1 Die Nudeln nach Packungsanleitung in reichlich Salzwasser bissfest kochen.

2 Das Mehl mit etwa 100 Milliliter Milch glatt rühren, restliche Milch in einem Topf erwärmen, die Mehlmischung mit dem Schneebesen unterrühren, so dass eine cremige Sauce ohne Klümpchen entsteht. Kurz aufkochen, unter Rühren etwa 1 Minute kochen lassen, kräftig mit Salz, Pfeffer und Muskat würzen. Den Backofen auf 190 °C vorheizen.

3 Den Schinken würfeln und mit dem Gemüse unter die Sauce mengen, die Hälfte in eine Auflaufform füllen. Die abgetropften Nudeln darüber verteilen, leicht andrücken und restliche Sauce darüber geben. Die Semmelbrösel über den Auflauf streuen und im vorgeheizten Backofen ca. 20 Minuten überbacken.

Nudelpfanne mit Auberginen

500 g Penne
Salz
500 g Cocktailtomaten
2 Auberginen
2 Mozzarella (à 125 g)
½ Bund Basilikum
1 Knoblauchzehe
2 EL Olivenöl
Pfeffer

Für 4 Personen ■ Zubereitungszeit: ca. 20 Min.
Pro Portion: 703 kcal ■ 19,5 g Fett ■ 104 g Fett ■ 25 % kcal aus Fett

1 Die Nudeln in reichlich Salzwasser nach Packungsanweisung bissfest kochen, abgießen und abtropfen lassen.

2 Die Cocktailtomaten waschen und in Viertel schneiden. Die Auberginen und den Mozzarella in Würfel schneiden. Die Basilikumblättchen von den Stielen zupfen. Die Knoblauchzehe abziehen und durchpressen.

3 Das Öl in einer großen Pfanne heiß werden lassen. Die Auberginenwürfel darin ca. 5 Minuten braten. Herausnehmen und auf Küchenkrepp abtropfen lassen. Die Cocktailtomaten und den Knoblauch in die Pfanne geben und kurz anbraten.

4 Auberginenwürfel, Mozzarella und Nudeln dazugeben und heiß werden lassen. Mit Salz und Pfeffer würzen, abschmecken und Basilikumblättchen darüber streuen.

Kräutersahnenudeln

3 Würfel klare Gemüsesuppe
500 g grüne Bandnudeln
300 g saure Sahne (10 % F.)
125 g Kräuter-Schmelzkäse (45 % F. i. Tr.)
2 EL frische gehackte Kräuter

Für 4 Personen ■ Zubereitungszeit: ca. 20 Min.
Pro Portion: 625 kcal ■ 16,5 g Fett ■ 97 g KH ■ 23,5 % kcal aus Fett

1 In einem großen Topf 1½ Liter Wasser zum Kochen bringen und die Suppenwürfel darin auflösen. Die Nudeln dazugeben, nach Packungsanweisung bissfest kochen und abtropfen lassen.

2 In einer Schüssel Sahne, Schmelzkäse und Kräuter verrühren. Die Nudeln mit der Kräutersahne mischen und servieren.

TIPP: Dazu passt am besten ein gemischter Salat.

Spätzleauflauf

Für 4 Personen ■ Zubereitungszeit: ca. 30 Min. ■ Backzeit: 30–40 Min.
Pro Portion: 810 kcal ■ 19 g Fett ■ 104 g KH ■ 21% kcal aus Fett

500 g Spätzle (Fertigprodukt)
Salz
1 Zwiebel
1 Knoblauchzehe
1 Dose Champignons (230 g Abtropfgewicht)
je 1 rote, gelbe und grüne Paprikaschote
1½ EL Olivenöl
1 Dose Tomaten (285 g Abtropfgewicht)
1 Kräuterling
400 g Putenbrustfilet
Pfeffer
200 g saure Sahne (10 % F.)
1 Ei
etwas frisch geriebene Muskatnuss
etwas Curry- und Paprikapulver
100 g Gouda (40 % F. i. Tr.)

1 Die Spätzle nach Packungsanweisung in reichlich Salzwasser bissfest garen. Die Zwiebel abziehen und klein schneiden, den Knoblauch abziehen und zerdrücken. Die Pilze abtropfen lassen. Die Paprikaschoten waschen, halbieren, entkernen und würfeln.

2 In einer Pfanne 1 Esslöffel Öl erhitzen, die Zwiebelstücke und den Knoblauch darin glasig dünsten. Die Paprikawürfel in die Pfanne geben, mitdünsten und, sobald sich etwas Saft gebildet hat, auch die Pilze mitdünsten.

3 Den Backofen auf 200 °C vorheizen. Die Tomaten aus der Dose klein schneiden und das Gemüse damit und mit etwas Tomatensaft ablöschen. Den Kräuterling unterrühren und die Flüssigkeit etwas einkochen lassen.

4 Inzwischen das Putenfleisch klein schneiden und zum Gemüse in die Pfanne geben. Salzen und pfeffern und mit den gegarten und abgetropften Spätzle in eine mit dem restlichen Öl gut eingefettete Auflaufform geben.

5 Die saure Sahne mit dem Ei verrühren, mit Salz, Pfeffer, Muskat, Curry und Paprika abschmecken und über die Spätzlemischung gießen. Den Käse reiben, darüber streuen und den Auflauf im Ofen auf der mittleren Schiene 30 bis 40 Minuten überbacken.

Spaghetti Carbonara

400 g Spaghetti
Salz
3 frische Eier
50 ml Kaffeesahne (4 % F.)
50 g Parmesan
100 g magerer Kochschinken
2 Knoblauchzehen
1 EL Olivenöl

Für 4 Personen ■ Zubereitungszeit: ca. 20 Min.
Pro Portion: 560 kcal ■ 18 g Fett ■ 75 g KH ■ 28 % kcal aus Fett

1 Die Spaghetti in reichlich Salzwasser nach Packungsanweisung bissfest kochen.

2 Inzwischen die Eier mit der Kaffeesahne schaumig aufschlagen und den Parmesan hinzufügen.

3 Den Schinken in feine Streifen schneiden. Den Knoblauch abziehen und hacken. Beides in einer großen Pfanne im heißen Olivenöl kurz anbraten.

4 Die Nudeln abgießen, abtropfen lassen und in die Pfanne geben, alles durchrühren. Die Pfanne vom Herd nehmen und rasch die Eiermasse unterrühren.

TIPP: Achtung, die Eier dürfen nicht stocken, die Masse muss cremig bleiben!

Bandnudeln mit Lachs und Spinat

500 g kurze Bandnudeln
Salz
1 Knoblauchzehe
250 g Lachsfilet, frisch oder TK
Pfeffer
1 EL Öl
450 g aufgetauter TK-Blattspinat

Für 4 Personen ■ Zubereitungszeit: ca. 20 Min.
Pro Portion: 620 kcal ■ 13 g Fett ■ 95 g KH ■ 19 % kcal aus Fett

1 Die Nudeln nach Packungsanweisung in reichlich Salzwasser bissfest garen.

2 Inzwischen den Knoblauch abziehen und zerdrücken. Frischen Lachs kalt abspülen und trockentupfen, tiefgefrorenen zuvor auftauen lassen. Den Fisch in Stücke schneiden, salzen und pfeffern.

3 Das Öl in einer Pfanne erhitzen, den Lachs darin mit Knoblauch von beiden Seiten anbraten. Den aufgetauten Blattspinat dazugeben und erhitzen.

4 Die Nudeln abgießen, abtropfen lassen und unterheben. Das Gericht mit Salz und Pfeffer abschmecken.

Teuflischer Ravioli-Topf

Für 2 Personen ■ Zubereitungszeit: ca. 15 Min.
Pro Portion: 400 kcal ■ 5,5 g Fett ■ 19 g KH ■ 12 % kcal aus Fett

1 Dose Ravioli Diavolo (800 g)
100 g Mungobohnensprossen
1 Dose Ananas in Scheiben (236 ml Inhalt)
1 cm frischer Ingwer (oder etwas Ingwerpulver)
etwas Sambal oelek
Salz, Pfeffer

1 Die Ravioli in einen Topf geben und bei mittlerer Hitze heiß werden lassen.

2 Inzwischen die Mungobohnensprossen nach Belieben etwas klein schneiden. Die Ananasscheiben abtropfen lassen, klein schneiden und beides unter die Ravioli mengen und mit erhitzen.

3 Den Ingwer schälen, fein reiben und den Raviolitopf damit sowie mit etwas Sambal oelek würzen und abschmecken.

Tagliatelle mit Zucchini-Kräuter-Sauce

200 g Tagliatelle
Salz
1 Zwiebel, 1 Knoblauchzehe
250 g Zucchini
1 EL Olivenöl
200 ml Gemüsebrühe
100 g Kochschinken ohne Fettrand
70 g Kräuterfrischkäse (20% F. i. Tr.)
Pfeffer
2 EL gehackte Kräuter, z. B. Petersilie, Schnittlauch, Kerbel, Basilikum

Für 2 Personen ■ Zubereitungszeit: ca. 20 Min.
Pro Portion: 420 kcal ■ 10 g Fett ■ 51 g KH ■ 21% kcal aus Fett

1 Die Tagliatelle in reichlich Salzwasser nach Packungsanleitung bissfest kochen.
2 Inzwischen die Zwiebel und die Knoblauchzehe abziehen und klein würfeln. Die Zucchini waschen, putzen und klein schneiden.
3 Das Öl in einem Topf erhitzen, Zwiebeln und Knoblauch darin glasig dünsten. Die Zucchini kurz mit anbraten. Das Ganze mit der Gemüsebrühe ablöschen und die Zucchini etwa 10 Minuten garen.
4 Den Schinken würfeln. Die Zucchinisauce mit dem Stabmixer pürieren. Den Frischkäse und den Schinken unterheben, die Sauce mit Salz und Pfeffer abschmecken und die Kräuter dazugeben.
5 Die Nudeln abgießen, kalt abschrecken, abtropfen lassen und mit der Zucchini-Kräuter-Sauce servieren.

Nudeln mit Corned-Beef-Sauce

500 g Spaghetti
Salz
1 Dose Corned Beef (340 g)
100 g Zwiebeln
250 ml Ketchup
Pfeffer
2 EL Schnittlauchröllchen

Für 4 Personen ■ Zubereitungszeit: ca. 20 Min.
Pro Portion: 650 kcal ■ 7 g Fett ■ 113 g KH ■ 10% kcal aus Fett

1 Die Nudeln in reichlich Salzwasser nach Packungsanweisung bissfest kochen.
2 Inzwischen das Corned Beef (ohne das Fett; siehe Tipp unten) würfeln. Die Zwiebeln abziehen und klein schneiden. Zusammen mit dem Corned Beef in einer Pfanne ohne Fett leicht anbraten.
3 Das Ketchup und etwas Wasser dazugeben, das Ganze einmal aufkochen, mit Pfeffer würzen und zum Schluss die Schnittlauchröllchen unterheben.
4 Die Nudeln abgießen, kalt abschrecken, abtropfen lassen und mit der Corned-Beef-Sauce servieren.

TIPP: Die Dose Corned Beef vor dem Öffnen im Kühlschrank aufbewahren, dann erstarrt das Fett an der Oberfläche und lässt sich gut abnehmen.

Makkaroni mit Hackfleisch

Für 4 Personen ■ Zubereitungszeit: ca. 25 Min.
Pro Portion: 677 kcal ■ 19 g Fett ■ 82 g KH ■ 25 % kcal aus Fett

1 Die Nudeln in reichlich Salzwasser nach Packungsanleitung bissfest kochen.
2 Die Zwiebeln und den Knoblauch abziehen und fein hacken. Den Lauch putzen, waschen und fein schneiden.
3 Das Hackfleisch mit gehackten Zwiebeln und Knoblauch in einer beschichteten Pfanne ohne Fettzugabe scharf anbraten, bei Bedarf etwas Wasser hinzufügen.
4 Tomaten, Lauch und Chilisauce hinzufügen, mit Salz, Pfeffer, Paprika und Curry würzen. Kochen lassen. Die gekochten Nudeln mit dem Fleisch vermengen und nochmals abschmecken.

400 g Makkaroni, Salz
2–3 Zwiebeln, 1 Knoblauchzehe
3 Stangen Lauch
500 g Rinderhackfleisch (oder je 250 g Rinder- und Schweinehackfleisch)
1 Dose Tomaten
½ Flasche Chilisauce (450 ml Inhalt)
Pfeffer, Paprikapulver, Currypulver

Nudeln mit Thunfischsauce

Für 4 Personen ■ Zubereitungszeit: ca. 20 Min.
Pro Portion: 539 kcal ■ 2 g Fett ■ 99 g KH ■ 3,5 % kcal aus Fett

1 Die Nudeln in reichlich Salzwasser nach Packungsanleitung bissfest kochen.
2 Das Tomatenpüree aufkochen, den Saucenbinder unter Rühren einstreuen und den Brühwürfel darin auflösen. Die Sauce mit Zucker, Pfeffer, Knoblauch und Kräutern würzen.
3 Den Thunfisch abgießen und grob zerpflücken. Die Cocktailtomaten waschen, halbieren oder vierteln, mit dem Thunfisch zur Tomatensauce geben und darin erhitzen. Die Sauce nochmals abschmecken und unter die Nudeln mischen oder getrennt dazu reichen.

500 g Nudeln, z. B. Spiralnudeln
Salz
500 ml passierte Tomaten
1 EL Saucenbinder
1 Würfel gekörnte Gemüsebrühe
1 TL Zucker
Pfeffer
1 zerdrückte Knoblauchzehe
Kräuter, z. B. Basilikum, Thymian, Rosmarin
1 Dose Thunfisch im eigenen Saft (195 g Inhalt)
150 g Cocktailtomaten

Gnocchi mit Paprika-Tomaten-Gemüse (Foto)

- etwas Olivenöl zum Braten
- 500 g Gnocchi (Fertigprodukt)
- je 1 rote, gelbe und grüne Paprikaschote
- 1 Knoblauchzehe
- 1 Bund Frühlingszwiebeln
- 5 Tomaten
- Salz
- Pfeffer
- etwas getrockneter Oregano
- 200 g Schafskäse (Feta)

Für 4 Personen ▪ Zubereitungszeit: ca. 20 Min.
Pro Portion: 546,4 kcal ▪ 11,2 g Fett ▪ 91,5 g KH ▪ 18,4 % kcal aus Fett

1 Eine beschichtete Pfanne mit Olivenöl auspinseln, erhitzen und die Gnocchi darin leicht anbraten.

2 Die Paprikaschoten waschen, halbieren, entkernen und in Streifen schneiden. Den Knoblauch abziehen und zerdrücken. Die Frühlingszwiebeln putzen, waschen und in Ringe schneiden. Die Tomaten über Kreuz einritzen, kurz überbrühen, enthäuten, vierteln und entkernen.

3 Alles zu den Gnocchi in die Pfanne geben und etwa 5 Minuten garen. Mit Salz, Pfeffer und Oregano abschmecken. Zum Schluss den Schafskäse darüber krümeln.

TIPP: Sehr leicht ist es, fettarm zu garen, wenn man das Öl zum Braten aus einer Sprühflasche in die Pfanne sprüht – das ergibt nur einen ganz dünnen Ölfilm.

Gnocchi mit Schinken und Salbeibutter

- 400 g Gnocchi (Fertigprodukt)
- Salz
- 6 Scheiben Truthahnschinken
- 2 EL Butter
- 8 frische Salbeiblätter
- 20 g Parmesan

Für 2 Personen ▪ Zubereitungszeit: ca. 20 Min.
Pro Portion: 370 kcal ▪ 11 g Fett ▪ 46 g KH ▪ 27 % kcal aus Fett

1 Die Gnocchi in Salzwasser leicht kochen lassen, bis sie an der Oberfläche schwimmen.

2 Inzwischen den Schinken in Streifen schneiden. Die Butter in einer großen Pfanne erhitzen und die Schinkenstreifen darin erwärmen. Die Salbeiblätter klein schneiden und hinzufügen.

3 Die fertig gegarten Gnocchi aus dem Wasser heben, abtropfen lassen, unter die Buttermischung mengen und den Parmesan darüber raspeln.

Limettenreis

200 g Reis
Salz
1 Schalotte
2 Limetten
1 EL Butter

Für 4 Personen ■ Zubereitungszeit: ca. 25 Min.
Pro Portion: 199 kcal ■ 2,75 g Fett ■ 40 g KH ■ 12,5 % kcal aus Fett

1 Den Reis nach Packungsanweisung in leicht gesalzenem Wasser kochen.

2 Die Schalotte abziehen und in feine Würfel schneiden. Die Schale von einer Limette mit dem Zestenreißer abziehen oder schälen und hauchdünn in Streifen schneiden, beide Limetten auspressen.

3 Die Butter zerlassen und die Schalottenwürfel darin glasig dünsten. Die Limettenschale hinzufügen und mit dem Limettensaft ablöschen. Die Limettensauce unter den fertigen Reis ziehen.

TIPP: Dieser exotische Limettenreis passt hervorragend zu Kalbsschnitzeln oder gedünstetem Fisch.

Fruchtige Reispfanne

250 g Reis
Salz
1 Zwiebel
1 EL Sonnenblumenöl
500 g Hackfleisch
1 Dose Mandarinen (314 g Inhalt)
1 Dose Pfirsiche (465 g Inhalt)
1 Dose Ananasstücke (255 g Inhalt)
250 ml Tomatenketchup
2 TL gekörnte Gemüsebrühe
Pfeffer

Für 4 Personen ■ Zubereitungszeit: ca. 35 Min.
Pro Portion: 568 kcal ■ 5 g Fett ■ 99 g KH ■ 8 % kcal aus Fett

1 Den Reis nach Packungsanleitung in leicht gesalzenem Wasser kochen.

2 Die Zwiebel abziehen und in feine Würfel schneiden. Das Öl in einer Pfanne heiß werden lassen, die Zwiebelwürfel und das Hackfleisch hinzufügen und unter Rühren rasch anbraten.

3 Mandarinen, Pfirsiche und Ananasstücke abtropfen lassen, mit dem Ketchup zum Hackfleisch hinzufügen und heiß werden lassen.

4 Zum Schluss den fertigen Reis untermengen und alles mit Gemüsebrühe und Pfeffer abschmecken.

Reis mit Beef und Kichererbsen

Für 4 Personen ■ Zubereitungszeit: ca. 2 Std. 30 Min. ■ Einweichzeit: ca. 8 Std.
Pro Portion: 503 kcal ■ 11 g Fett ■ 59 g KH ■ 20 % kcal aus Fett

- 100 g Kichererbsen
- 600 g mageres Rindfleisch aus der Hüfte
- 3 Zwiebeln
- 1 Knoblauchzehe
- 2 EL Rapsöl
- weißer Pfeffer
- 2 Msp. Kreuzkümmel
- 1 Msp. Piment
- 1 Msp. Zimtpulver
- Salz
- knapp ¾ l Fleischbrühe
- 250 g Basmati-Reis

1 Die Kichererbsen über Nacht in ¾ Liter Wasser einweichen.

2 Das Rindfleisch in mundgerechte Würfel schneiden. Die Zwiebeln und den Knoblauch abziehen und beides in sehr feine Würfel schneiden.

3 Das Öl erhitzen und die Fleischwürfel darin von allen Seiten kräftig anbraten. Zwiebel und Knoblauch hinzufügen und einige Minuten mitbraten.

4 Die Kichererbsen mit der Einweichflüssigkeit dazugeben und mit Pfeffer, Kreuzkümmel, Piment und Zimt würzen. Etwa 2 Stunden bei geringer Hitze kochen lassen, bis die Fleischstücke gar sind.

5 Zum Schluss salzen, die Brühe und den gewaschenen Reis hinzufügen und etwa 12 Minuten weiterkochen lassen. Den Topf vom Herd nehmen, noch ein paar Minuten nachgaren lassen und abschmecken.

Feinschmecker-Risotto

Für 4 Personen ■ Zubereitungszeit: ca. 40 Min.
Pro Portion: 360 kcal ■ 6 g Fett ■ 58 g KH ■ 15 % kcal aus Fett

- 1 EL Sonnenblumenöl
- 1 EL Currypulver
- 200 g Naturreis
- 1 Würfel gekörnte Gemüsebrühe
- 1 Bund Frühlingszwiebeln
- 300 g Möhren
- 2 Bananen
- 150 g TK-Erbsen
- 150 g geschälte gegarte Garnelen

1 In einer Pfanne das Sonnenblumenöl heiß werden lassen. Den Curry darin anschwitzen, den Reis dazugeben und kurz mitbraten lassen.

2 Etwa 3 Tassen (à 150 Milliliter) Wasser dazugießen und zum Kochen bringen. Die Gemüsebrühe darin auflösen und alles etwa 15 Minuten bei geringer Wärmezufuhr kochen lassen, bei Bedarf noch etwas Wasser nachgießen.

3 Inzwischen die Frühlingszwiebeln putzen, waschen und in Ringe schneiden. Die Möhren putzen, schälen und in Scheiben schneiden. Beides dazugeben und den Risotto weitere 10 Minuten kochen.

4 Die Bananen schälen und klein schneiden, zusammen mit den Erbsen und Garnelen kurz vor Ende der Garzeit dazugeben und erhitzen. Die genaue Kochzeit richtet sich nach der Garzeit des Reises.

Curryreis mit Gemüse

3/4 l Gemüsebrühe
250 g Reis
1 EL Currypulver
100 g Zwiebeln
1 Knoblauchzehe
2 cm frischer Ingwer
200 g Paprikaschoten
200 g Zuckererbsenschoten
1 EL Olivenöl
200 g Bambussprossen
450 g Ananasringe im eigenen Saft (Dose)
Pfeffer
frisch geriebene Muskatnuss
Zimtpulver

Für 4 Personen ▪ Zubereitungszeit: ca. 50 Min.
Pro Portion: 393 kcal ▪ 3,5 g Fett ▪ 80 g KH ▪ 8 % kcal aus Fett

1 Die Gemüsebrühe, den Reis und den Curry zusammen in einem Topf einmal aufkochen lassen. Dann die Herdplatte abschalten und den Reis zugedeckt ausquellen lassen. Der Reis ist fertig, wenn »Luftblasen« (kleine Löcher) im Reis sind.

2 Inzwischen die Zwiebeln abziehen und in Würfel schneiden. Die Knoblauchzehe abziehen und zerdrücken, den Ingwer schälen und in feine Würfel schneiden. Die Paprika putzen, waschen, entkernen und in Streifen schneiden. Die Zuckererbsen waschen.

3 Das Öl in einem Wok erhitzen, Zwiebeln, Knoblauch und Ingwer darin andämpfen. Die Paprikastreifen und Zuckererbsen dazugeben und etwas andünsten. Die abgetropften Bambussprossen und in Stücke geschnittenen Ananas mit dem Saft dazugeben.

4 Die Gemüsemischung mit Pfeffer, Curry, Muskat und etwas Zimt nach Belieben abschmecken. Den fertigen Curryreis zum Gemüse servieren.

Spanischer Reis

je 1 rote und grüne Paprikaschote
1 Zwiebel
300 g gekochter Schinken ohne Fettrand
250 g Reis
1 EL Olivenöl
3 EL Tomatenmark
1/2 l Gemüsebrühe

Für 4 Personen ▪ Zubereitungszeit: ca. 30 Min.
Pro Portion: 367 kcal ▪ 5 g Fett ▪ 52 g KH ▪ 12,5 % kcal aus Fett

1 Die Paprikaschoten putzen, waschen und in Streifen schneiden. Die Zwiebel abziehen und in Würfel schneiden. Den Schinken ebenfalls in Würfel schneiden.

2 Den Reis in Olivenöl anbraten. Paprika, Zwiebel und Schinken dazugeben und kurz mitbraten.

3 Das Tomatenmark und die Gemüsebrühe hinzufügen, alles einmal aufkochen und den Reistopf dann zugedeckt 20 Minuten bei kleiner Hitze vollständig fertig garen lassen.

Gebratener Reis auf chinesische Art

Für 4 Personen ▪ Zubereitungszeit: ca. 30 Min.
Pro Portion: 360 kcal ▪ 8 g Fett ▪ 64 g KH ▪ 20 % kcal aus Fett

1 Den Reis nach Packungsanweisung in leicht gesalzenem Wasser kochen.

2 Inzwischen die Champignons trocken putzen und in Scheiben schneiden, die Frühlingszwiebeln putzen, waschen und in Ringe schneiden.

3 Das Olivenöl erhitzen und die Champignons kurz darin anbraten, dann den gegarten Reis, den abgetropften Mais und die Frühlingszwiebeln hinzufügen.

4 Das Ganze 3 bis 4 Minuten unter Rühren garen, mit der Sojasauce abschmecken.

300 g Langkorn-Naturreis
Salz
100 g frische Champignons
8 Frühlingszwiebeln
2 EL Olivenöl
100 g Mais (Dose)
1–2 EL Sojasauce

Süße Hauptgerichte

Salzburger Nockerln (Foto)

- 6 Eier
- 80 g Zucker
- 1 Vanilleschote
- 80 g Mehl
- 10 g Margarine
- 250 ml Milch

Für 4 Personen ▪ Zubereitungszeit: ca. 30 Min. ▪ Backzeit: ca. 20 Min.
Pro Portion: 354 kcal ▪ 12 g Fett ▪ 40 g KH ▪ 30 % kcal aus Fett

1 Die Eier trennen und die Eiweiße steif schlagen. Dann die Eigelbe mit dem Zucker schaumig rühren, bis eine weiße Creme entsteht. Die Vanilleschote der Länge nach aufschneiden und das Mark unter die Eimasse geben.

2 Etwa ein Drittel des Eischnees mit dem Mehl und der Eigelbmasse verrühren. Den restlichen Eischnee vorsichtig unterheben. Den Backofen auf 200 °C vorheizen.

3 Eine feuerfeste Form mit hohem Rand mit der Margarine ausstreichen und die Milch hineingießen, sie sollte etwa 1 Zentimeter hoch in der Form stehen.

4 Die Masse mit einem Teigschaber kleckweise nebeneinander in die Form setzen und etwa 15 bis 20 Minuten goldgelb backen. Unmittelbar vor dem Servieren die Nockerln mit Puderzucker bestäuben und servieren.

Kaiserschmarrn

- 2 Eier
- 40 g Zucker
- 60 g Rosinen
- 1 TL gemahlener Zimt
- 1 Päckchen Bourbon-Vanillezucker
- 250 ml Milch
- 80 g Mehl
- 20 g Margarine

Für 2 Personen ▪ Zubereitungszeit: ca. 20 Min. ▪ Backzeit: ca. 14 Min.
Pro Portion: 556 kcal ▪ 16,7 g Fett ▪ 79,6 g KH ▪ 26,98 % kcal aus Fett

1 Die Eier trennen und die Eiweiße steif schlagen. Dann die Eigelbe mit dem Zucker schaumig rühren und nach und nach die Rosinen, den Zimt, den Vanillezucker, die Milch und das Mehl dazugeben.

2 Die Margarine in einer Pfanne erhitzen. Den Eischnee unter den Teig heben und diesen sofort in die Pfanne gießen.

3 Von beiden Seiten goldbraun backen, dann mit zwei Gabeln in mundgerechte Bissen zerteilen.

TIPP: Noch nicht genug Zucker? Jetzt können Sie noch feinen Zucker darüber streuen oder den Kaiserschmarrn mit Puderzucker überstäuben.

DAS PASST DAZU: Apfelmus und Pflaumen- oder Zwetschgenkompott. Für Pflaumenkompott 400 Gramm Pflaumen zerkleinern, mit 2 Esslöffel Zucker, 1/4 Zimtstange und 50 Milliliter Rotwein etwa 5 Minuten kochen lassen.

Germknödel

- 250 g Mehl
- 2 Prisen Salz
- 125 ml lauwarme Milch
- 10 g brauner Zucker
- 20 g frische Hefe
- 1 Eigelb
- 100 g Zucker
- 30 g weiche Butter
- 100 g Pflaumenmus
- 1 TL gemahlener Zimt
- 1 Rum-Aroma

Für 6 Personen ▪ Zubereitungszeit: ca. 30 Min. ▪ Kochzeit: ca. 16 Min. ▪ Ruhezeit: ca. 1 Std. 20 Min.
Pro Portion: 314 kcal ▪ 6 g Fett ▪ 59 g KH ▪ 17 % kcal aus Fett

1 Aus Mehl, Salz, Milch, braunem Zucker und Hefe einen Vorteig herstellen und 30 Minuten zugedeckt an einem warmen Plätzchen gehen lassen (Tipp: In der Heizperiode die Schüssel auf einen Heizkörper stellen).

2 Anschließend das Eigelb, den restlichen Zucker und die Butter ebenfalls dazugeben und alles zu einem glatten Teig verarbeiten. Diesen Teig wieder 30 Minuten zugedeckt gehen lassen.

3 Von dem gegangenen Hefeteig 6 Portionen abstechen und zu Klößen formen. Das Pflaumenmus mit dem Zimt und dem Rum-Aroma verrühren. Mit dieser Mischung die 6 Teigkugeln füllen und mit einem Küchentuch bedeckt nochmals 20 Minuten gehen lassen.

4 In einem Topf mit großem Durchmesser reichlich Wasser mit etwas Salz zum Kochen bringen und maximal je 3 Klöße auf beiden Seiten 8 Minuten bei schwacher Hitze garen lassen. Abgetropft auf einen Teller geben und nach Belieben mit Puderzucker bestreuen.

TIPP: Vanillesauce passt sehr gut zu Germknödeln.

Österreichische Birnenknödel

- 500 g mehlig kochende Kartoffeln
- 300 g Birnen (weiche Sorte)
- 10 g Butter
- 1 Ei, Salz
- 100 g Weizengrieß
- 100 g Weizenmehl (Type 405)
- 1 TL Zimt
- 1 Päckchen Citroback
- 1–2 TL Zucker
- 75 g Haselnüsse
- 1 Päckchen Bourbon-Vanillezucker

Für 4 Personen ▪ Zubereitungszeit: ca. 30 Min. ▪ Kochzeit: ca. 4 Min.
Pro Portion: 489 kcal ▪ 15,5 g Fett ▪ 60 g KH ▪ 28,52 % kcal aus Fett

1 Die Kartoffeln gar kochen, pellen und noch heiß durch eine Kartoffelpresse drücken. Birnen schälen und entkernen und in kleine Würfel schneiden.

2 Die Butter zerlassen. Mit Ei, Salz, Grieß, Mehl, Zimt und Citroback zur Kartoffelmasse geben und alles rasch zu einem Teig verarbeiten. Die Birnenstückchen daruntermischen und aus dem Teig kleine Knödel formen.

3 Reichlich Salzwasser zum Kochen bringen. Die Knödel hineingeben, nicht zu viele auf einmal, und bei schwacher Hitze etwa 15 Minuten ziehen lassen.

4 Den Zucker mit den Haselnüssen und dem Bourbon-Vanillezucker in einem Suppenteller mischen. Die fertigen Knödel herausnehmen und in dieser Mischung wälzen. Dazu passt Birnenkompott oder ein Softeis.

Dampfnudeln

Für 12 Stück ■ Zubereitungszeit: ca. 30 Min. ■ Backzeit: ca. 30 Min. ■ Ruhezeit: ca. 1 Std. 30 Min.
Pro Stück: 224 kcal ■ 4,5 g Fett ■ 39 g KH ■ 18 % kcal aus Fett

500 g Mehl
1 TL Salz
250 ml Milch
25 g frische Hefe
2 Eier
80 g Zucker
250 ml Wasser
80 g Halbfettbutter
2 Päckchen Bourbon-Vanillezucker
1 Fläschchen Butter-Aroma

1 Aus Mehl, Salz, Milch (3 Esslöffel zurückbehalten), Hefe, Eiern und 1 Teelöffel Zucker einen Hefeteig zubereiten und 1 Stunde gehen lassen.
2 Von dem gegangenen Hefeteig 12 Portionen abstechen und auf einem bemehlten Nudelbrett zugedeckt weitere 20 Minuten gehen lassen.
3 In einem großen schweren Topf, am besten einem gusseisernen Bräter mit passendem Deckel, die restliche Milch, das Wasser, die Butter, den Vanillezucker, das Butter-Aroma und den restlichen Zucker erwärmen.
4 Die gegangenen Nudeln hineinsetzen und bei geschlossenem Deckel – auf keinen Fall zwischendurch abnehmen – und mäßiger Hitze 30 Minuten leise kochen lassen.
5 Die Dampfnudeln noch heiß servieren.

TIPP: Zu den Dampfnudeln passen Apfelmus und Vanillesauce. Wer ganz fleißig ist, kann die Dampfnudeln auch noch mit Pflaumenmus füllen.

Pflaumenknödel

Für 4 Personen ■ Zubereitungszeit: ca. 45 Min. ■ Kochzeit: ca. 25 Min.
Pro Portion: 842 kcal ■ 2,9 g Fett ■ 168 g KH ■ 3,85 % Fettkalorien

500 g reife Zwetschgen
500 g passierter Quark
500 g Mehl
1 TL Salz
10 g Butter
ca. 20 Stück Würfelzucker

1 Die Zwetschgen waschen und so entkernen, dass die beiden Hälften noch aneinander hängen.
2 Quark, Mehl, 1 Prise Salz und die Butter zu einem Teig kneten, dann ca. 1 cm dick ausrollen. 7 × 7 cm große Vierecke schneiden, jeweils 1 Pflaume hineinsetzen, mit einem Stück Zucker füllen und den Teig darum herum kneten.
3 Die Pflaumenknödel in sprudelnd kochendes Salzwasser gleiten lassen und bei schwacher Hitze ziehen lassen. Immer wieder vorsichtig umrühren, damit die Knödel nicht am Boden ankleben. Die Knödel sind 5 Minuten, nachdem sie an die Wasseroberfläche gestiegen sind, gar.

TIPP: Dazu passt Zimt-Zucker oder Vanillequark, lecker mit ein paar Tropfen Rum-Aroma.

Quarkknödel mit Erdbeeren (Foto)

- 40 g Butter
- 150 g Quark
- 2 Eier
- 170 g Mehl
- 1 Päckchen Citroback
- Salz
- 2 Päckchen Bourbon-Vanillezucker
- 250 g tiefgefrorene Erdbeeren

Für 4 Personen ▪ Zubereitungszeit: ca. 30 Min. ▪ Kühlzeit: ca. 4 Std. ▪ Kochzeit: 10–12 Min.
Pro Portion: 401 kcal ▪ 12 g Fett ▪ 44,3 g KH ▪ 26,85 % kcal aus Fett

1 Die Butter in einer Schüssel schaumig rühren. Abwechselnd Quark, Eier und Mehl unterrühren. Citroback, Salz sowie Vanillezucker hinzufügen und das Ganze gut durchmischen.

2 Den Teig mit einem Tuch zudecken und 4 Stunden kühl stellen.

3 Aus der Masse mit den Händen kleine Knödel formen und in jeden Knödel eine Einbuchtung drücken. In die Einbuchtung jeweils 1 gefrorene Erdbeere geben und den Knödel wieder verschließen.

4 Reichlich Salzwasser zum Kochen bringen. Die Knödel hineingeben und ca. 2 Minuten kochen lassen. Dann die Hitze etwas reduzieren und die Knödel weitere 6 Minuten gar ziehen lassen.

TIPP: Dazu schmeckt Erdbeerpüree sehr gut als Sauce.

Nougatknödel

- 140 g Mehl
- 500 g Quark
- 80 g Grieß
- 1 Ei
- Salz
- 100 g Nougatschokolade
- Semmelbrösel
- 1 TL Butter

Für 4 Personen ▪ Zubereitungszeit: ca. 30 Min. ▪ Kühlzeit: ca. 1 Std. ▪ Kochzeit: ca. 12 Min.
Pro Stück: 150 kcal ▪ 3,5 g Fett ▪ 14 g KH ▪ 21,5 % kcal aus Fett

1 Mehl, Quark, Grieß, Ei und 1 Prise Salz gut verkneten. Den Teig in Klarsichtfolie einschlagen und 1 Stunde kalt stellen.

2 Den Teig zur Rolle formen und in 12 Stücke teilen. Jedes Teigstück in der Handfläche flachdrücken, jeweils zwei Schokoladenstücke hineingeben, rundherum mit Teig verhüllen und zu Knödeln formen.

3 Die Knödel in kochendes Salzwasser geben und bei schwacher Hitze ca. 12 Minuten ziehen lassen.

4 Inzwischen die Semmelbrösel mit der Butter in einer beschichteten Pfanne unter Rühren goldbraun rösten.

5 Die Knödel mit einer Schöpfkelle aus dem Wasser heben, abtropfen lassen und mit den Bröseln bestreut servieren.

TIPP: Servieren Sie zu den Nougatknödeln eine selbst gemachte Vanillesauce. Da kann dann sicher keine Naschkatze mehr widerstehen!

Pfirsich-Ananas-Auflauf

- 1 Dose Pfirsiche, halbe Frucht (850 ml)
- 1 Dose Ananas in Würfeln (580 ml)
- 2 EL Orangenmarmelade
- 1 TL Rum
- 4 Scheiben Toastbrot
- 50 g Halbfettbutter
- 2 TL Honig
- 4 TL Kokosraspel

Für 4 Personen ▪ Zubereitungszeit: ca. 35 Min.
Pro Portion: 326 kcal ▪ 10 g Fett ▪ 56 g KH ▪ 27 % kcal aus Fett

1 Den Backofen auf 200 °C vorheizen.

2 Die Pfirsichhälften und die Ananaswürfel in einem Sieb abtropfen lassen. Die Früchte in eine flache Auflaufform geben.

3 Die Orangenmarmelade mit dem Rum verrühren und auf die Früchte streichen.

4 Die Toastbrotscheiben mit Butter und Honig bestreichen und mit Kokosraspeln bestreuen. Die Brotscheiben in Würfel schneiden und über die Früchte geben. Den Auflauf im Backofen etwa 25 Minuten überbacken.

Reisauflauf mit Äpfeln

- 500 ml Milch
- 150 g Milchreis
- 1 Fläschchen Vanille-Aroma
- 1 TL abgeriebene Schale einer unbehandelten Zitrone
- 1 EL Butter
- 6 EL Rosinen
- 4 säuerliche Äpfel
- Saft von 1 Zitrone
- 4 EL Honig
- 2 Eigelb
- 1 TL Öl
- 2 Eiweiß
- 1 Prise Salz

Für 4 Personen ▪ Zubereitungszeit: ca. 30 Min. ▪ Backzeit: 10–15 Min.
Pro Portion: 457 kcal ▪ 10 g Fett ▪ 65,5 g KH ▪ 9,5 % kcal aus Fett

1 Die Milch mit dem Milchreis, dem Vanille-Aroma, der Zitronenschale sowie der Butter in einen Topf geben und bei mäßiger Hitze etwa 15 Minuten köcheln lassen. Dann die Mischung von der Herdplatte nehmen und weitere 10 Minuten ausquellen lassen.

2 In der Zwischenzeit die Rosinen in etwas Wasser einweichen. Die Äpfel schälen, entkernen, in dünne Spalten schneiden und mit Zitronensaft beträufeln, damit sie sich nicht braun färben.

3 Den Backofen auf 180 °C vorheizen. Den Reisbrei mit dem Honig süßen und die Eigelbe vorsichtig unterrühren.

4 Eine Auflaufform mit Öl auspinseln. Die Apfelspalten auf dem Boden verteilen und mit den eingeweichten, abgetropften Rosinen bestreuen.

5 Die Eiweiße mit Salz steif schlagen und vorsichtig unter die Reismasse heben. Alles auf die Äpfel geben und den Auflauf 10 bis 15 Minuten auf der mittleren Schiene backen.

Rhabarberauflauf mit Reis

Für 4 Personen ▪ Zubereitungszeit: ca. 1 Std. 10 Min. ▪ Backzeit: ca. 50 Min.
Pro Portion: 678 kcal ▪ 19 Fett ▪ 93,5 g KH ▪ 25 % kcal aus Fett

- 750 g Rhabarber
- 225 g Zucker
- Saft von 1 Zitrone
- 500 ml Milch
- 1 Prise Salz
- 100 g Milchreis
- 4 Eigelb
- 75 g Rum-Rosinen
- 50 g gehackte Mandeln
- 1 Päckchen Vanillinzucker
- 4 Eiweiß
- 1 TL Butter
- 2 EL Puderzucker

1 Den Rhabarber in Stücke schneiden und mit 150 Gramm Zucker und dem Zitronensaft halb gar kochen. Abkühlen lassen.

2 Die Milch mit dem Salz aufkochen, den Milchreis dazugeben und 30 Minuten ausquellen lassen, er soll noch körnig sein. Den restlichen Zucker unterrühren und den Reis abkühlen lassen.

3 Den Backofen auf 200 °C vorheizen. Die Eigelbe, die Rum-Rosinen, die Mandeln, den Vanillinzucker und die Rhabarberstücke unterheben. Die Eiweiße steif schlagen und unterziehen.

4 Eine Auflaufform mit Butter einfetten und die Reismasse locker einfüllen. Den Auflauf im Backofen ca. 45 Minuten backen.

5 Den Auflauf mit Puderzucker überstäuben und nochmals für 5 Minuten zum Glasieren in den Ofen schieben. Sofort servieren.

Grieß-Quark-Auflauf mit Beeren

Für 4 Personen ▪ Zubereitungszeit: ca. 20 Min. ▪ Backzeit: ca. 50 Min.
Pro Portion: 576 kcal ▪ 12 g Fett ▪ 78,5 g KH ▪ 19 % kcal aus Fett

- 100 g Zwieback
- 275 ml lauwarme Milch
- 3 Eigelb
- 125 g Zucker
- 1 Päckchen Vanillinzucker
- 1 Prise Salz
- 500 g Quark
- 100 g Grieß
- 3 TL Backpulver
- 3 Eiweiß
- 1 TL Sonnenblumenöl
- 450 g Johannisbeeren oder TK-Beerenmischung
- 2 EL Mandelblättchen

1 Die Zwiebackscheiben in kleine Stücke brechen und in einer Schüssel mit 150 Milliliter Milch übergießen.

2 Die Eigelbe mit dem Zucker, dem Vanillinzucker und dem Salz schaumig schlagen. Die Zwiebackstücke, den Quark, die restliche Milch, den Grieß und das Backpulver dazugeben und gut verrühren.

3 Den Backofen auf 180 °C vorheizen. Die Eiweiße steif schlagen und unterziehen.

4 Die Auflaufform leicht einfetten, die Beeren hineingeben und die Quark-Grieß-Masse darauf verteilen. Mit den Mandelblättchen bestreuen und ca. 50 Minuten backen. Den fertigen Auflauf herausnehmen und sofort servieren.

Himbeermilchreis (Foto)

- 250 g Milchreis
- 750 ml Milch
- 1 TL gemahlener Zimt
- 50 g Zucker
- 2 Päckchen Bourbon-Vanillezucker
- 450 g TK-Himbeeren

Für 4 Personen ▪ Zubereitungszeit: ca. 15 Min. ▪ Kochzeit: ca. 20 Min. ▪ Quellzeit: ca. 20 Min.
Pro Portion: 418 kcal ▪ 3,9 g Fett ▪ 83 g KH ▪ 8,41 % kcal aus Fett

1 Den Reis mit der Milch und dem Zimt kalt aufsetzen und zum Kochen bringen.

2 Alles unter ständigem Rühren bei mittlerer Hitze ca. 7 Minuten köcheln lassen. Dann Zucker und Bourbon-Vanillezucker unterrühren.

3 Den Herd ausschalten und die TK-Himbeeren zügig unter den Milchreis heben. Den Himbeermilchreis zum Ausquellen noch 20 Minuten auf der ausgeschalteten Herdplatte zugedeckt stehen lassen. Noch warm servieren.

Sächsische Quarkkeulchen

- 350 g Kartoffeln
- 2 Eier
- 250 g Quark
- 1 Prise Salz
- 5 gestrichene EL Zucker
- 1 Prise gemahlener Zimt
- 50 g Rosinen
- etwas abgeriebene Schale einer unbehandelten Zitrone
- 2–3 EL Mehl
- 2 TL Margarine

Für 16 Stück ▪ Zubereitungszeit: ca. 50 Min.
Pro Portion: 80 kcal ▪ 2 g Fett ▪ 11 g KH ▪ 23 % kcal aus Fett

1 Die Kartoffeln waschen und in wenig Wasser gar kochen. Die fertigen Kartoffeln abgießen, abschrecken, pellen und noch heiß durch die Kartoffelpresse drücken.

2 Die Eier, den Quark, das Salz, den Zucker, den Zimt, die Rosinen und die Zitronenschale zugeben und zu einem geschmeidigen Teig verarbeiten.

3 Aus der Masse 16 Keulchen (Plätzchen) formen und diese in Mehl wenden.

4 Die Margarine in einer beschichteten Pfanne heiß werden lassen und die Keulchen darin von beiden Seiten langsam bei schwacher Hitze goldbraun braten.

TIPP: Mit Zimtzucker bestreuen und mit Apfelkompott servieren.

Kartoffelmaultaschen

Für 4 Personen ▪ Zubereitungszeit: ca. 40 Min. ▪ Backzeit: ca. 45 Min. ▪ Ruhezeit: ca. 10 Min.
Pro Stück: 708 kcal ▪ 19 g Fett ▪ 98 g KH ▪ 24,19 % kcal aus Fett

Für den Teig
1 kg Kartoffeln
Salz
250 g Mehl
3 Eier
50 g zerlassene Butter
125 g saure Sahne (10% F.)

Für die Füllung
250 g Pflaumen
1 TL gemahlener Zimt
1 EL Zucker

Außerdem
1 TL Margarine
125 ml Milch

1 Für den Teig die Kartoffeln schälen, würfeln, in Salzwasser kochen und noch heiß durchpressen. Anschließend auf einem Brett auskühlen lassen.
2 Für die Füllung die Pflaumen entsteinen und in kleine Streifen schneiden. Mit dem Zimt und dem Zucker verrühren.
3 Mehl und 1 Prise Salz über die Kartoffeln streuen und die Eier dazugeben. Aus den Zutaten schnell einen geschmeidigen Teig zubereiten und diesen zur Rolle formen. Den Backofen auf 180 °C vorheizen.
4 Von der Rolle dicke Scheiben abschneiden und zu handtellergroßen Flecken ausrollen. Die Flecken mit der zerlassenen Butter und der sauren Sahne bepinseln, dann die Füllung darauf verteilen und mit einem zweiten Flecken bedecken. Alternativ kann man die Flecken auch auf die Hälfte zusammenklappen und die Ränder festdrücken.
5 Eine Reine oder Auflaufform mit Margarine einfetten, die Maultaschen hineinschichten und ca. 45 Minuten backen. Nach der Hälfte der Garzeit die Milch darüber gießen.

TIPP: Servieren Sie die Maultaschen mit Vanillesauce oder Früchtekompott. Auch Apfelblaukraut passt gut dazu.

Palatschinken

Für 4 Personen ▪ Zubereitungszeit: ca. 30 Min. ▪ Ruhezeit: ca. 2 Std.
Pro Portion: 346 kcal ▪ 11 g Fett ▪ 42 g KH ▪ 27,3 % kcal aus Fett

200 g Vollkornmehl
1 Prise Salz
20 g Zucker
1 Päckchen Bourbon-Vanillezucker
4 Eier
450 ml Milch
10 g Margarine

1 Das Mehl zusammen mit dem Salz, dem Zucker und dem Bourbon-Vanillezucker in einer Schüssel verrühren.
2 Die Eier dazugeben und nach und nach unter kräftigem Rühren die Milch einrühren. Den Teig 2 Stunden ruhen lassen.
3 Ist der Teig danach fest, noch etwas Milch zugeben; die Konsistenz des Teiges sollte flüssig sein.
4 Eine beschichtete Pfanne dünn mit Margarine auspinseln und nach und nach die Pfannkuchen ausbacken.

Apfelpfannkuchen

Für 4 Personen ▪ Zubereitungszeit: ca. 45 Min.
Pro Portion: 445 kcal ▪ 8,6 g Fett ▪ 71,5 g KH ▪ 17,33 % kcal aus Fett

- 4 Eier
- 50 g Zucker
- 200 g Mehl
- 50 g Rosinen
- 450 ml Milch
- 300 g Äpfel
- 1 EL Zitronensaft
- 10 g Öl

1 Die Eier in zwei Schüsseln trennen und die Eiweiße steif schlagen.
2 Die Eigelbe mit dem Zucker schaumig rühren und mit dem Mehl, den Rosinen und der Milch vermengen.
3 Die Äpfel schälen, entkernen, in Scheiben schneiden und mit dem Zitronensaft übergießen.
4 Eine beschichtete Pfanne kurz mit Öl auspinseln und erhitzen.
5 Den Eischnee unter den Teig heben und 1 bis 3 Schöpflöffel davon in die Pfanne geben. Darüber die Apfelringe setzen und den Pfannkuchen von beiden Seiten goldbraun backen.

TIPP: Wie groß oder wie dick Apfelpfannkuchen sein sollen, ist schon fast eine Glaubensfrage. Die einen lieben die dicken knusprigen, andere bevorzugen hauchdünne, kleine Küchlein. Sicher ist: Die dicken gehen (auf die Masse des Gesamtteiges gesehen) nicht nur schneller, sie nehmen prozentual beim Backen auch weniger Fett auf. Probieren Sie's aus!

Pflaumensuppe mit Grießklößchen

Für 4 Personen ▪ Zubereitungszeit: ca. 45 Min. ▪ Quellzeit: ca. 10 Min. ▪ Kochzeit: ca. 50 Min.
Pro Portion: 442,50 kcal ▪ 7,1 g Fett ▪ 67 g KH ▪ 14,49 % kcal aus Fett

- 500 g Pflaumen
- 120 g Zucker
- 1 EL gemahlener Zimt
- 400 g Pfirsiche
- 250 ml Milch
- 1 Päckchen Bourbon-Vanillezucker
- 20 g Butter
- 100 g Grieß
- 1 Ei
- Salz

1 Die Pflaumen waschen, halbieren und entkernen. Mit 80 Gramm Zucker und dem Zimt bestreuen, mit Wasser bedecken und 10 Minuten kochen lassen.
2 Die Pfirsiche mit kochendem Wasser überbrühen und häuten. Danach entkernen und in mundgerechte Würfel schneiden. Die Fruchtstücke zu den Pflaumen geben und ziehen lassen. Eventuell noch etwas nachzuckern.
3 Für die Grießklößchen die Milch mit dem Vanillezucker, dem restlichen Zucker und der Butter aufkochen, den Grieß unterrühren und den Brei noch einmal aufkochen lassen. Vom Herd nehmen, das Ei unterziehen und den Brei 10 Minuten quellen lassen.
4 Von der Masse mit zwei Löffelchen Klöße abstechen. Die Klößchen in siedendes Salzwasser setzen und 5 Minuten ziehen lassen. Die Grießklößchen herausnehmen, kurz abtropfen lassen und zur Pflaumensuppe geben.

Desserts

Quark-Aprikosen-Eis

400 g vollreife Aprikosen
3 EL Zitronensaft
100 g Puderzucker
2 EL Blütenhonig
100 g Quark
100 g Sahne
1 Eiweiß
Salz
etwas abgeriebene Schale einer unbehandelten Zitrone

Für 6 Personen ▪ Zubereitungszeit: ca. 15 Min. ▪ Kühlzeit: ca. 20 Min.
Pro Portion: 179 kcal ▪ 5 g Fett ▪ 26,4 g KH ▪ 25,8 % kcal aus Fett

1 Die Aprikosen halbieren, entsteinen und sechs Hälften beiseite legen. Die restlichen Aprikosenhälften in grobe Stücke schneiden und zusammen mit dem Zitronensaft, dem Puderzucker und dem Honig pürieren.

2 Den Quark, die Sahne, das Eiweiß und 1 Prise Salz in einer Rührschüssel mit dem Schneebesen kräftig verrühren.

3 Das Fruchtpüree auf die Quarkmasse geben, alles gut vermischen und mit etwas Zitronenschale abschmecken.

4 Diese Eisgrundmasse in das laufende Eisgerät einfüllen und in etwa 20 Minuten gefrieren lassen.

5 Das Eis zusammen mit den beiseite gelegten Aprikosenhälften auf Tellern anrichten und servieren.

TIPP: Noch zarter schmeckt das Eis, wenn Sie die Aprikosen vor der Verarbeitung mit kochendem Wasser überbrühen und häuten. Wer Zeit sparen will, nimmt eingelegte Aprikosen.

Cassis-Sorbet

12 EL Cassislikör
2 EL Zucker
3 Eiweiß
500 ml Cassis-Fruchteis
8 Minzeblättchen

Für 8 Personen ▪ Zubereitungszeit: ca. 10 Min. ▪ Kühlzeit: ca. 2 Std.
Pro Portion: 182 kcal ▪ 5 g Fett ▪ 20 g KH ▪ 25 % kcal aus Fett

1 Für einen Frostrand 4 Esslöffel Cassislikör und den Zucker jeweils auf einen kleinen, flachen Teller geben. Die Ränder von 8 Sektgläsern erst in den Likör und danach in den Zucker tauchen, im Gefriergerät ca. 2 Stunden anfrieren lassen.

2 Die Eiweiße steif schlagen. Das Cassis-Fruchteis cremig rühren, den Eischnee unterheben und in die vorbereiteten Gläser füllen. Den übrigen Cassislikör über das Sorbet verteilen und mit Minzeblättchen garnieren. Sofort servieren.

Wassermelonensorbet

Für 4 Personen ■ Zubereitungszeit: ca. 10 Min. ■ Gefrierzeit: ca. 1 Std. 30 Min.
Pro Portion: 137 kcal ■ 0 g Fett ■ 31 g KH ■ 0,1 % kcal aus Fett

800 g Wassermelone (ohne Schale gewogen)
Saft von 1 Zitrone
4 EL Honig

1 Die Melone entkernen, in Stücke schneiden und mit dem Stabmixer pürieren. Das Melonenpüree mit Zitronensaft und Honig abschmecken.

2 Die Sorbetmasse gut verrühren, in die Eismaschine füllen und etwa 1½ Stunden gefrieren, bis sie fest ist, oder in einer Metallschüssel ins Gefriergerät stellen. Zwischendurch öfter mit einer Gabel durchrühren, damit sich keine Kristalle bilden. Mit einem Eisportionierer auf vier Dessertschalen verteilen und servieren.

Dessert à la Tiramisu

Für 4 Personen ■ Zubereitungszeit: ca. 10 Min. ■ Kühlzeit: ca. 1 Std. 30 Min.
Pro Portion: 230 kcal ■ 2 g Fett ■ 13 g KH ■ 8 % kcal aus Fett

100 g Löffelbiskuits
½ Tasse starker kalter Kaffee
350 ml Milch (1,5 % F.)
1 Pckg. Puddingpulver Vanille-Geschmack (ohne Kochen)
250 g Magerquark (0,2 % F.)
Kakaopulver zum Bestreuen

1 Die Löffelbiskuits nebeneinander in eine flache Auflaufform legen und mit dem Kaffee beträufeln.

2 Die Milch in einen hohen, schmalen Rührbecher geben, das Puddingpulver hinzufügen und mit dem Handrührgerät auf niedrigster Stufe einrühren. Die Mischung dann auf höchster Stufe etwa 1 Minute cremig schlagen. Anschließend den Quark unterrühren.

3 Die Masse auf den getränkten Löffelbiskuits verteilen, glatt streichen und das Dessert für etwa 1½ Stunden kühl stellen. Zum Servieren den Kakao darüber sieben.

300 g Quark
2 Eier
30 g Mehl
20 g brauner Zucker
3 Päckchen Bourbon-Vanillezucker
abgeriebene Schale von ½ unbehandelten Zitrone
4 Eiweiß
Salz
1 TL Butter
Zucker zum Bestreuen

Vanille-Quark-Soufflee (Foto)

Für 4 Personen ▪ Zubereitungszeit: ca. 15 Min. ▪ Backzeit: 25–30 Min. ▪ Kühlzeit: ca. 2 Std.
Pro Portion: 196 kcal ▪ 5 g Fett ▪ 18 g KH ▪ 23 % kcal aus Fett

1 Mit dem Handrührgerät den Quark, die Eier, das Mehl, den Zucker, den Vanillezucker und die Zitronenschale glatt rühren. Die Masse 2 Stunden kalt stellen.

2 Den Backofen auf 180 °C vorheizen. Die Eiweiße mit 1 Prise Salz sehr steif schlagen. Zuerst 3 Esslöffel Eischnee kräftig unter die Quarkmasse rühren, dann den Rest vorsichtig unterheben.

3 Eine große feuerfeste Form oder kleine dickwandige Tassen mit Butter ausstreichen, mit Zucker ausstreuen und die Souffleemasse einfüllen. Die Form darf nur zu zwei Dritteln gefüllt sein.

4 Das Soufflee 25 bis 30 Minuten (bei Tassen nur 15 Minuten) backen. Den Backofen während der ersten 10 Minuten nicht öffnen, das Soufflee fällt sonst zusammen.

4 EL Haferflocken
1 EL Zucker
etwas gemahlener Zimt
150 g Naturjoghurt
100 g frische vorbereitete Früchte nach Belieben

Joghurt mit Früchten

Für 1 Person ▪ Zubereitungszeit: ca. 10 Min. ▪ von Kerstin Eyrich
Pro Portion: 260 kcal ▪ 3 g Fett ▪ 45 g KH ▪ 10,5 % kcal aus Fett

1 Die Haferflocken in einer beschichteten Pfanne ohne Fett vorsichtig goldgelb rösten, dabei ab und zu umrühren.

2 Den Zucker und etwas Zimt nach Belieben zu den Haferflocken geben und bei mittlerer Hitze ständig verrühren, bis der Zucker karamellisiert.

3 Die Haferflocken in eine Schüssel schütten, den Joghurt sofort dazugeben und die Früchte darauf verteilen.

TIPP: Statt Zucker 1 Esslöffel Ahornsirup über den Joghurt verteilen.

Schwarzwälder Kirschbecher

- 500 g Süßkirschen aus dem Glas
- 1 Päckchen Schokoladenpudding
- 500 ml Milch, 120 g Zucker
- 75 g geriebene Bitterschokolade
- 500 g Quark
- 1 Päckchen Bourbon-Vanillezucker
- 100 g Sahne
- 4 schöne Kirschen

Für 4 Personen ▪ Zubereitungszeit: ca. 30 Min. ▪ Kühlzeit: ca. 3 Std.
Pro Portion: 635 kcal ▪ 15,9 g Fett ▪ 96,4 g KH ▪ 22,53 % kcal aus Fett

1 Die Süßkirschen in einem Sieb abtropfen lassen, den Saft auffangen.

2 Den Schoko-Pudding mit der Milch und 2 Esslöffel Zucker nach Packungsanweisung herstellen und in dekorative Gläser verteilen. Darauf die Kirschen setzen.

3 Den Quark mit etwas Kirschsaft verrühren, den Vanillezucker dazugeben und die Quarkmischung auf die Kirschen gießen. Die Gläser für ca. 3 Stunden kalt stellen.

4 Vor dem Servieren die Sahne steif schlagen und auf jeden Becher spritzen. Mit der geriebenen Bitterschokolade überstreuen und ganz obenauf eine frische Kirsche setzen.

Grüne Grütze mit Baiser

- 1 Dose Ananas in Stücken (236 ml Inhalt)
- 1 Dose Tortenbelag »Stachelbeeren mit Kiwi« (580 ml)
- 1 unbehandelte Zitrone
- 2 EL Weißwein
- 2 Eiweiß
- 100 g Zucker
- 1 Päck. Vanillinzucker

Für 4 Personen ▪ Zubereitungszeit: ca. 10 Min. ▪ Backzeit: ca. 10 Min.
Pro Portion: 280 kcal ▪ 2 g Fett ▪ 63 g KH ▪ 6 % kcal aus Fett

1 Den Backofen auf 220 °C vorheizen. Die Ananasstücke abtropfen lassen und in der Schüssel mit dem Tortenbelag »Stachelbeeren mit Kiwi« mischen.

2 Die Zitrone heiß waschen, trocknen, die Schale abreiben und die Zitrone auspressen. Die Schale und den Saft mit dem Weißwein unter die Obstmasse rühren und die Fruchtmischung in eine flache Auflaufform geben.

3 Eiweiß mit dem Zucker und dem Vanillinzucker steif schlagen, in Tupfen auf die Obstmasse setzen. Die grüne Grütze im Ofen auf der mittleren Schiene etwa 10 Minuten überbacken, bis das Baiser hell gebräunt ist, und sofort servieren.

Omis Obstsalat

Für 4 Personen ▪ Zubereitungszeit: ca. 30 Min. ▪ Kühlzeit: ca. 4 Std.
Pro Portion: 411 kcal ▪ 13 g Fett ▪ 75 g KH ▪ 28,48 % kcal aus Fett

300 g Äpfel
5 große Orangen
150 g getrocknete Feigen
2 große Bananen
40 g Zucker
75 g Walnusskerne

1 Die Äpfel schälen, entkernen und in mundgerechte Würfel schneiden. Die Orangen schälen, filetieren, den Saft auffangen. Die getrockneten Feigen in acht etwa gleich große Stücke schneiden. Die Bananen schälen und in Scheibchen schneiden.

2 Das klein geschnittene Obst in eine Schüssel geben, den Zucker und die Nüsse dazugeben und alle Zutaten miteinander vermengen. Der Obstsalat sollte im Kühlschrank etwa 4 Stunden durchziehen.

TIPP: Dieser Obstsalat ist nahezu klassisch und war der absolute Hit unserer Kindertage. Damals gab es ihn wegen seiner Zutaten ausschließlich in der Winterzeit. Heute bekommt man die Zutaten das ganze Jahr über, wobei man sagen muss: Im Sommer schmecken andere Rezepte, wie zum Beispiel frische Erdbeeren, irgendwie besser!

Melonen-Heidelbeer-Salat

Für 4 Personen ▪ Zubereitungszeit: ca. 20 Min. ▪ Kühlzeit: ca. 1 Std.
Pro Portion: 152 kcal ▪ 0,5 g Fett ▪ 31,8 g KH ▪ 3,1 % kcal aus Fett

300 g Wassermelone
300 g Honigmelone
200 g Heidelbeeren
30 g Zucker
2 Päckchen Bourbon-Vanillezucker
100 ml fruchtiger Weißwein

1 Die Wassermelone schälen und in mundgerechte Dreiecke schneiden. Das Fruchtfleisch der Honigmelone mit einem Kugelstecher in kleine Kugeln teilen. Die Heidelbeeren verlesen, abwaschen und abtropfen lassen.

2 Das Obst in einer Schüssel mit dem Zucker, dem Vanillezucker und dem Weißwein vermengen und vor dem Servieren ca. 1 Stunde kalt stellen.

TIPP: Alkohol hat zwar kein Fett, blockiert aber den Fettabbau in der Leber. Für die Nährwertangaben haben wir deshalb das Gramm Alkohol der Einfachheit halber wie das Gramm Fett gerechnet.

Himbeertimbale (Foto)

300 g Himbeeren
100 g Zucker
1 Prise Salz
6 Blatt Gelatine
500 g Dickmilch (3,5 % F.)
4 EL Zitronensaft
etwas Amaretto nach Belieben
1 Päckchen Vanillinzucker

Für 4 Personen ■ Zubereitungszeit: ca. 25 Min. ■ Kühlzeit: ca. 3 Std.
Pro Portion: 265 kcal ■ 4,5 g Fett ■ 40 g KH ■ 15 % kcal aus Fett

1 Von den Himbeeren 8 Früchte zurückbehalten, die restlichen Früchte pürieren. Zucker und Salz zugeben und in einem Topf heiß werden lassen.

2 Die Gelatine nach Packungsanweisung in Wasser einweichen und dann im heißen Früchtepüree auflösen.

3 Die Hälfte der Dickmilch, den Zitronensaft und nach Belieben den Amaretto hinzufügen und unterrühren. Die Masse in Förmchen verteilen und ca. 3 Stunden im Kühlschrank fest werden lassen.

4 Für die Sauce die restliche Dickmilch mit dem Vanillinzucker verrühren. Zum Servieren die Förmchen kurz in heißes Wasser tauchen und auf einen Teller stürzen. Mit der Dickmilchsauce und den Himbeeren garniert servieren.

Apfel-Quark-Gratin

300 g Äpfel
Saft von 1 Zitrone
3 Eier
1 Prise Salz
50 g Zucker
1 Päckchen Vanillinzucker
500 g Quark
2 EL Mehl

Für 4 Personen ■ Zubereitungszeit: ca. 15 Min. ■ Backzeit: ca. 30 Min.
Pro Portion: 278 kcal ■ 6 g Fett ■ 28 g KH ■ 19 % kcal aus Fett

1 Die Äpfel waschen, schälen, in Schnitze schneiden und mit der Hälfte des Zitronensaftes beträufeln. Den Backofen auf 220 °C vorheizen.

2 Die Eier mit Salz und 3 Esslöffel heißem Wasser schaumig rühren, den Zucker einrieseln lassen und weiter schaumig schlagen. Den restlichen Zitronensaft und den Vanillinzucker dazugeben, den Quark und das Mehl unterziehen.

3 Die Quarkmasse in eine Auflaufform geben und die Apfelschnitze darauf verteilen. Das Gratin ca. 30 Minuten backen.

TIPP: Das Apfel-Quark-Gratin schmeckt auch mit Fruchteis sehr lecker.

Himbeertraum

300 g TK-Himbeeren
250 g Sahnequark (40 % F.)
250 g Magerquark (0,2 % F.)
100 g brauner Zucker

Für 4 Personen ■ Zubereitungszeit: ca. 5 Min. ■ Kühlzeit: ca. 8 Std.
Pro Portion: 300 kcal ■ 8 g Fett ■ 38 g KH ■ 24 % kcal aus Fett

1 Die Himbeeren in eine Schüssel geben und auftauen lassen. Die beiden Quarksorten gut miteinander verrühren, über den Himbeeren verteilen und glatt streichen.
2 Den Zucker als dicke Schicht über den Quark streuen und das Dessert über Nacht in den Kühlschrank stellen. Am nächsten Tag servieren.

TIPP: Dieses Traumdessert können Sie auch mit anderen Obstsorten zubereiten, vor allem bieten sich Beeren wie Brombeeren oder Erdbeeren an.

Gegrillte Bananen mit Kokos-Mandel-Butter

1 EL Butter
1 EL Kokosflocken
1 EL gemahlene Mandeln
1 TL Honig
1 Prise Ingwerpulver
1 Prise Currypulver
4 Bananen

Für 4 Personen ■ Zubereitungszeit: ca. 20 Min.
Pro Portion: 195 kcal ■ 5 g Fett ■ 34 g KH ■ 23 % kcal aus Fett

1 Die Butter zerlassen und mit Kokosflocken, Mandeln und Honig verrühren. Mit Ingwer und Curry würzen und abschmecken.
2 Die Bananen auf den Grillrost legen und im Backofen so lange grillen, bis die Schale schwarz ist.
3 Die Bananen der Länge nach einschneiden und die Schale etwas auseinander ziehen. Die Kokos-Mandel-Butter über die Bananen geben und servieren.

TIPP: Zu den gebratenen Bananen schmeckt auch sehr gut eine Vanillesauce oder ein Softeis.

Orangencreme

Für 4 Personen ▪ Zubereitungszeit: ca. 45 Min. ▪ Kühlzeit: ca. 4–5 Std.
Pro Portion: 563 kcal ▪ 16 g Fett ▪ 76 g KH ▪ 25,64 % kcal aus Fett

- 10 große Orangen
- 2 Päckchen Gelatine
- 120 g Zucker
- 1 Fläschchen Rum-Aroma
- 2 Päckchen Bourbon-Vanillezucker
- 250 g Quark
- 250 g Dickmilch
- 2 Eiweiß
- 200 g Sahne

1 Die Orangen schälen, filetieren und mit dem aufgefangenen Saft und der Gelatine in einem großen Topf auf kleinster Temperaturstufe auf den Herd stellen, damit sich die Gelatine auflöst.

2 In der Zwischenzeit den Zucker mit dem Rum-Aroma, dem Bourbon-Vanillezucker, dem Quark und der Dickmilch mit einem Handrührgerät auf mittlerer Stufe verrühren, bis sich der Zucker komplett gelöst hat.

3 Die lauwarme Fruchtmasse unter das Quark-Joghurt-Gemisch rühren und 30 Minuten in den Kühlschrank stellen.

4 Dann nacheinander die Eiweiße zu Schnee und die Sahne steif schlagen. Zuerst die Sahne unter die Fruchtmasse rühren und ganz zum Schluss den Eischnee unterheben. Die Creme in etwa 4 Stunden im Kühlschrank fest werden lassen.

TIPP: Besonders hübsch sieht es aus, wenn Sie zum Servieren mit einem Löffel für jeden Teller 2 Klößchen von der Orangencreme abstechen und mit ein paar frischen Orangenfilets anrichten. Das Dessert mit Zitronenmelisseblättchen garnieren.

Zitronencreme

Für 4 Personen ▪ Zubereitungszeit: ca. 30 Min. ▪ Kühlzeit: mindestens 4 Std. 30 Min.
Pro Portion: 200 kcal ▪ 1,25 g Fett ▪ 40 g KH ▪ 5,7 % kcal aus Fett

- 3 unbehandelte Zitronen
- 1 Päckchen Gelatine
- 120 g Zucker
- 250 g Joghurt
- 250 g Quark
- 1 Päckchen Citroback
- 2 Eiweiß

1 Die Zitronen heiß waschen, die Zitronenschalen abreiben und Saft der Zitronen auspressen. Den Zitronensaft mit der Gelatine erwärmen, bis sich Gelatine vollständig gelöst hat.

2 Den Zucker mit dem Joghurt, dem Quark und dem Citroback verrühren, bis der Zucker aufgelöst ist. Die leicht abgekühlte Zitronenmasse mit der Quarkmasse verrühren und für 30 Minuten in den Kühlschrank stellen.

3 Die Eiweiße steif schlagen und unter die Zitronenmasse heben. In Portionsgläser oder in eine flache Schüssel füllen und für mindestens 4 Stunden, besser noch über Nacht, in den Kühlschrank stellen.

Schoko-Mint-Mousse (Foto)

18 Stück Schokolade-Pfefferminz-Täfelchen (z. B. After Eight)
4 Eiweiß
4 Erdbeeren (nach Saison)
Minzeblättchen zur Dekoration
Puderzucker zum Bestäuben

Für 4 Personen ■ Zubereitungszeit: ca. 10 Min. ■ Kühlzeit: ca. 1 Std.
Pro Portion: 217 kcal ■ 4,5 g Fett ■ 40 g KH ■ 19 % kcal aus Fett

1 Die Schokolade-Pfefferminz-Täfelchen zerbrechen und bei milder Hitze in der Mikrowelle oder im Wasserbad schmelzen lassen.

2 Die Eiweiße sehr steif schlagen und etwa ein Drittel des Eischnees mit dem Schneebesen unter die warme Schokolade-Pfefferminz-Masse rühren. Diese Masse dann zum restlichen Eischnee geben und vorsichtig unterheben, bis keine weißen Flocken mehr sichtbar sind.

3 Die Schoko-Mint-Mousse in Dessertschalen füllen und kalt stellen.

4 Zum Servieren die Schoko-Mint-Mousse mit Erdbeeren und Minzeblättchen garnieren und mit Puderzucker bestäuben. Eventuell noch 2 Schokolade-Pfefferminz-Täfelchen dazu reichen.

Schoko-Rosinen-Quark

50 ml Milch
2 TL Instant-Kaffee
500 g Quark
100 g klein gehackte Rosinen
80 g Zucker
8 TL Instant-Kakaopulver
1/2 Fläschchen Rum-Aroma

Für 4 Personen ■ Zubereitungszeit: ca. 10 Min.
Pro Portion: 280 kcal ■ 3 g Fett ■ 20,5 g KH ■ 9,5 % kcal aus Fett

1 Die Milch in einem kleinen Topf erwärmen, den Instant-Kaffee dann auflösen. Die Kaffeemilch mit einem Schneebesen unter den Quark rühren.

2 Die klein geschnittenen Rosinen, den Zucker und das Kakaopulver einrühren. Mit dem Rum-Aroma abschmecken und mit Kakao bestäubt servieren.

Glühweinpflaumen auf Zimtcreme

- 250 g getrocknete Pflaumen
- 500 ml Glühwein
- 2 Päckchen Tortenguss rot
- 4 EL Zucker
- 1 Päckchen Paradiescreme Vanille
- 300 ml Milch
- 1–2 TL gemahlener Zimt

Für 4 Personen ▪ Zubereitungszeit: ca. 10 Min. ▪ Kühlzeit: ca. 1 Std.
Pro Portion: 289 kcal ▪ 2,8 g Fett ▪ 61 g KH ▪ 8,66 % kcal aus Fett

1 Die Pflaumen über Nacht in dem Glühwein einweichen. Am nächsten Tag das Tortengusspulver mit dem Zucker und 6 Esslöffel Glühwein verrühren. Den Glühwein mit den Pflaumen kurz aufkochen. Das angerührte Tortengusspulver unter Rühren in den kochenden Glühwein gießen und einmal aufkochen lassen. Die Glühweinpflaumen kalt stellen.

2 Die Paradiescreme mit der Milch in einen hohen Rührbecher geben, ca. 3 Minuten mit dem Rührgerät cremig aufschlagen und den Zimt unterschlagen. Die abgekühlten Pflaumen abwechselnd mit der Creme in vier hohe Dessertgläser schichten und bis zum Verzehr kühl stellen.

Bratäpfel mit Dominosteinen

- 4 große Äpfel (Boskop)
- 12 Dominosteine

Für 4 Personen ▪ Zubereitungszeit: ca. 20 Min. ▪ Backzeit: ca. 35–45 Min.
Pro Portion: 247,25 kcal ▪ 6,4 g Fett ▪ 42,6 g KH ▪ 23,39 % kcal aus Fett

1 Den Backofen auf 160 °C vorheizen. Das Kerngehäuse aus den Äpfeln mit einem Ausstecher entfernen. Die Öffnungen vergrößern, die Äpfel in eine ofenfeste Form setzen und 3 Dominosteine in jeden Apfel drücken.

2 Die Äpfel in der Form in ein Wasserbad stellen und 35 bis 45 Minuten garen.

TIPP: Klassisch ist für Bratäpfel eine Füllung aus Rosinen, gemahlenen Mandeln und Honig.

Pfirsich-Crumble

Für 10 Stück ■ Zubereitungszeit: ca. 10 Min. ■ Backzeit: ca. 30 Min.
Pro Stück: 205 kcal ■ 4,5 g Fett ■ 37 g KH ■ 20 % kcal aus Fett

2 Dosen Pfirsiche (à 425 g Abtropfgewicht)
100 g kalte Halbfettmargarine
200 g Mehl
75 g Zucker
1 Pck. Vanillinzucker
150 g Vanillejoghurt
1 Prise Zimtpulver

1 Den Backofen auf 210 °C vorheizen. Die Pfirsiche abtropfen lassen, in Scheiben schneiden und in eine flache Auflaufform geben.
2 Die Margarine, das Mehl, den Zucker und den Vanillinzucker in eine Schüssel geben und zu Streuseln kneten.
3 Die Streusel über den Pfirsichen verteilen und den Crumble im Ofen auf der mittleren Schiene etwa 30 Minuten backen.
4 Für die Sauce den Vanillejoghurt mit dem Zimt verrühren und dazu servieren.

TIPP: **Statt Joghurtsauce passt dazu auch gut Softeis.**

Karamellisierte Äpfel und Birnen

Für 4 Personen ■ Zubereitungszeit: ca. 40 Min.
Pro Portion: 376 kcal ■ 8,5 g Fett ■ 68 g KH ■ 20 % kcal aus Fett

2 Äpfel
4 Birnen
1 TL Butter
90 g Zucker
30 g Walnusskerne
200 ml Apfelsaft
1/2 unbehandelte Zitrone
1 TL gemahlener Zimt
1 Msp. gemahlene Nelken
1 Packung Vanilleeis (250 ml)
1 EL Pfefferminzblättchen

1 Die Äpfel und die Birnen waschen, in Viertel schneiden und Kerngehäuse entfernen. Die Viertel in Spalten schneiden. Eine Auflaufform mit der Butter einfetten und die Obstspalten hineinlegen.
2 In einer Pfanne 80 Gramm Zucker leicht karamellisieren lassen. Die Walnusskerne darin wenden, herausnehmen und auf einen Teller legen. Den Apfelsaft in die Pfanne gießen und kochen, bis sich der Karamell aufgelöst hat.
3 Den Backofen auf 180 °C vorheizen. Die Zitrone heiß waschen und abtrocknen. Die Schale fein abreiben und die Zitrone auspressen. Die Zitronenschale mit dem -saft mischen und gleichmäßig über die Obstspalten gießen.
4 Den restlichen Zucker mit dem Zimt und den Nelken mischen und über die Obstspalten streuen. Das Obst im Backofen zugedeckt ca. 20 Minuten backen. Etwas abkühlen lassen.
5 Das Vanilleeis auf 4 Tellern mit den Obstspalten anrichten und mit den Walnusskernen und den Pfefferminzblättchen garniert servieren.

500 g TK-Himbeeren
100 g Zucker

Himbeerpüree (Foto rechts)

Für 4 Personen ■ Zubereitungszeit: ca. 2 Min.
Pro Portion: 141 kcal ■ 0,5 g Fett ■ 31 g KH ■ 2,4 % kcal aus Fett

1 Die Himbeeren auftauen. Den Zucker dazugeben und alles mit einem Pürierstab vermengen. Sofort servieren.

2 Wenn es schnell gehen soll, einfach die Himbeeren in einem Topf erhitzen, mit Zucker pürieren und auch heiß servieren!

400 g Mango
200 g rote Johannisbeeren
20 g abgeriebene Schale einer unbehandelten Orange
50 g Zucker
1 TL Speisestärke

Mangosauce (Foto links)

Für 4 Personen ■ Zubereitungszeit: ca. 20 Min.
Pro Portion: 130 kcal ■ 0,5 g Fett ■ 28,8 g KH ■ 4,2 % kcal aus Fett

1 Die Mango schälen, das Fruchtfleisch vom Kern schneiden und pürieren. Die roten Johannisbeeren putzen und waschen, pürieren und durch ein Sieb streichen oder passieren.

2 Beide Fruchtcremes vermischen, mit der abgeriebenen Orangenschale und dem Zucker vermischen und in einem gusseisernen Topf erhitzen.

3 Die Speisestärke mit 2 EL Wasser vermengen. Sobald die Fruchtmasse kocht, die Stärke unter ständigem Rühren unterziehen und noch einmal aufkochen lassen, bis die Masse eindickt. Warm oder kalt servieren.

TIPP: **Schmeckt lecker zu Milchreis, aber auch als »Topping« über eine Scheibe Apfelbrot (Rezept siehe S. 136) mit Quark.**

Gebäck & Kuchen

Schneewittchenkuchen (Foto)

Für den Teig
50 g Halbfettmargarine
100 g Joghurt
150 g Zucker, 1 Vanillinzucker
3 Eier, 150 g Mehl
50 g Speisestärke
1 TL Backpulver, 1/2 TL Natron
2 EL Kakaopulver
1 Glas Sauerkirschen

Für den Belag
1 Päckchen Dr. Oetker Paradiescreme Vanille
250 ml Milch, 250 g Quark
1 Päckchen Vanillezucker
1 Päckchen Tortenguss rot
2 EL Zucker, 250 ml Kirschsaft

Für 12 Stück ▪ Zubereitungszeit: ca. 20 Min. ▪ Backzeit: ca. 35 Min.
Pro Stück: 258 kcal ▪ 5,5 g Fett ▪ 39 g KH ▪ 19 % kcal aus Fett

1 Margarine, Joghurt, Zucker, Vanillinzucker und Eier schaumig schlagen. Mehl, Speisestärke, Backpulver und Natron mischen, nach und nach unterrühren.

2 Den Backofen auf 180 °C vorheizen. Die Hälfte des Teiges in eine mit Backpapier ausgelegte Springform füllen und glatt streichen. Den restlichen Teig mit dem Kakaopulver verrühren und auf den hellen Teig geben.

3 Die gut abgetropften Sauerkirschen darauf verteilen, 250 Milliliter vom Saft für den Tortenguss aufheben. Den Kuchen ca. 35 Minuten backen.

4 Für den Belag die Paradiescreme mit der Milch verrühren und etwa 3 Minuten mit dem Handrührgerät auf höchster Stufe cremig aufschlagen. Quark und Vanillinzucker unterrühren. Einen Tortenring um den ausgekühlten Kuchen legen und die Creme darauf verteilen.

5 Tortenguss und Zucker in einem kleinen Topf mischen, mit etwas Kirschsaft glatt rühren. Nach und nach den restlichen Saft hinzufügen und unter Rühren einmal aufkochen lassen. Den Guss löffelweise von der Mitte aus auf dem Kuchen verteilen.

Kirschkuchen mit Sahneguss

Für den Teig
100 g weiche Halbfettbutter
2 Eier, 200 g Zucker
2 Päckchen Vanillezucker
1 Prise Salz
200 g Mehl, 100 g Speisestärke
2 TL Backpulver
150 g Joghurt, 3 Eiweiß

Für den Belag
2 Päckchen Vanillepudding
100 g Zucker, 1 l Milch
2 Gläser Sauerkirschen (à 350 g)
750 g saure Sahne, 1/2 TL Zimt

Für 24 Stück ▪ Zubereitungszeit: ca. 30 Min. ▪ Backzeit: ca. 40–45 Min.
Pro Stück: 232 kcal ▪ 6,5 g Fett ▪ 37 g KH ▪ 25 % kcal aus Fett

1 Die weiche Butter mit den ganzen Eiern, dem Zucker, dem Vanillezucker und Salz schaumig rühren. Das Mehl, die Stärke und das Backpulver mischen, sieben und abwechselnd mit dem Joghurt unterrühren.

2 Die Eiweiße steif schlagen und unter den Joghurtteig heben. Ein Backblech mit hohem Rand mit Backpapier auslegen und den Teig darauf streichen. Den Backofen auf 200 °C vorheizen.

3 Aus der Milch, dem Vanillepuddingpulver und 40 Gramm Zucker einen Pudding kochen. Den Pudding unter Rühren etwas abkühlen lassen, auf den Teig geben und verstreichen. Die Kirschen gut abtropfen lassen und auf dem Pudding verteilen.

4 Den Kuchen 40 bis 45 Minuten backen. Die saure Sahne mit 60 Gramm Zucker und dem Zimt verrühren und auf den heißen Kuchen streichen.

Pfirsichkuchen für Überraschungsgäste

- 1 Dose Pfirsiche
- 15 Löffelbiskuits
- 1 Päckchen Vanillepudding
- 500 ml Milch
- 90 g Zucker
- 1 Packung Tortenguss hell

Für 12 Stück ▪ Zubereitungszeit: ca. 20 Min. ▪ Kühlzeit: ca. 1 Std.
Pro Stück: 122,5 kcal ▪ 0,7 g Fett ▪ 25 g KH ▪ 4,9 % kcal aus Fett

1 Den Boden einer Springform mit Backpapier auslegen und in der Form einspannen.

2 Die Pfirsiche abtropfen lassen, den Saft dabei auffangen. Die Löffelbiskuits kurz in den Pfirsichsaft stippen und dicht bei dicht, »nasse« Seite nach oben, in der Form verteilen. Ruhig ein bisschen quetschen, damit der Boden fest wird.

3 Den Pudding nach Packungsanweisung herstellen und auf dem Kuchenboden verteilen. Die Pfirsiche, von der Mitte aus beginnend, auf dem Kuchen verteilen.

4 Den Tortenguss nach Packungsanweisung herstellen und die Torte damit übergießen. Mindestens 1 Stunde in den Kühlschrank stellen.

Kirsch-Schoko-Kuchen

- 2 Eier
- 125 g Zucker
- 100 g geriebene Bitterschokolade
- 1 gehäufter EL Kakaopulver
- 90 g Buchweizenmehl
- 60 g Mehl
- 1 TL Backpulver
- 1/2 TL Natron
- 500 g Süßkirschen (aus dem Glas; abgetropft)
- 1 TL gemahlener Zimt
- 150 g Joghurt

Für 20 Stück ▪ Zubereitungszeit: ca. 20 Min. ▪ Backzeit: ca. 20 Min.
Pro Stück: 115 kcal ▪ 2,6 g Fett ▪ 20,2 g KH ▪ 20,28 % kcal aus Fett

1 Ein Kuchenblech mit Backpapier auslegen. Den Backofen auf 180 °C vorheizen. Die Eier trennen und die Eiweiße steif schlagen. Die Eigelbe mit dem Zucker schaumig rühren.

2 Nach und nach Bitterschokolade, Kakaopulver, die beiden Mehlsorten und den Zimt dazugeben. Zum Schluss den Eischnee unterheben, sodass keine weißen Flöckchen mehr zu sehen sind.

3 Den Teig auf dem Backpapier gleichmäßig verteilen und die Kirschen gleichmäßig auf den Teig setzen. Den Kuchen etwa 20 Minuten backen, dann abkühlen lassen. Vor dem Servieren in Rauten schneiden.

TIPP: Wer es gerne süß mag: Eine dicke Schicht Puderzucker macht sich optisch gut! Den Kuchen aber erst überzuckern, wenn er kalt ist!

Apfel-Walnuss-Kuchen

Für 12 Stück ▪ Zubereitungszeit: ca. 35 Min. ▪ Backzeit: ca. 1 Std. ▪ Wartezeit: ca. 3 Std.
Pro Portion: 351 kcal ▪ 10,9 g Fett ▪ 56,3 g KH ▪ 27,9 % kcal aus Fett

2 mittelgroße, säuerliche Äpfel, z. B. Braeburn
3 Eier
200 g Zucker
420 g Mehl
1/2 TL Backpulver
1/2 TL gemahlener Zimt
1/2 TL geriebene Muskatnuss
1 TL Salz
100 g Halbfettmargarine
180 g Joghurt (1,5 % F.)
1 Päckchen Bourbon-Vanillezucker
100 g gehackte Walnüsse
110 g Puderzucker
2 EL Milch

1 Den Ofen auf 150 °C vorheizen. Eine Springform mit Backpapier auslegen.

2 Die Äpfel schälen, das Kerngehäuse entfernen und die Apfelstücke auf einem Gemüsehobel grob raspeln.

3 Die Eier trennen und die Eiweiße steif schlagen. Die Eigelbe mit dem Zucker schaumig rühren.

4 Nach und nach die anderen Zutaten bis auf Puderzucker und Milch dazugeben und alles mit dem Schneebesen des Handrührgerätes zu einem glatten Teig vermengen. Zum Schluss den Eischnee vollständig unterheben, sodass keine weißen Flöckchen mehr zu sehen sind. Den Teig in die Springform gießen und ca. 1 Stunde backen.

5 Nach dem Erkalten den Kuchen aus der Springform lösen und den Puderzucker mit der Milch verrühren. Mit diesem Guss den Kuchen bestreichen und trocknen lassen.

TIPP: Sie können den Guss auch mit Zitronen- oder Orangensaft anrühren, das schmeckt etwas erfrischender.

Käsekuchen ohne Boden

Für 12 Stück ▪ Zubereitungszeit: ca. 30 Min. ▪ Backzeit: ca. 1 Std. 45 Min.
Pro Stück: 167 kcal ▪ 4,6 g Fett ▪ 17,9 g KH ▪ 24,76 % kcal aus Fett

3 Eier
100 g Zucker
750 g Cremequark
1 Päckchen Vanillepudding
3 EL Grieß
1 Päckchen Citroback
70 g Rosinen (in 1 Fläschchen Rum-Aroma mit etwas Wasser einweichen)

1 Den Boden einer Springform mit Backpapier auslegen. Den Backofen auf 140 °C vorheizen. Die Eier trennen und die Eiweiße steif schlagen. Die Eigelbe mit dem Zucker schaumig schlagen, bis sich der Zucker restlos aufgelöst hat.

2 Quark, Puddingpulver, Grieß und Citroback dazurühren. Den Eischnee unterheben, die abgetropften Rosinen dazugeben und die Masse in die Springform gießen. Den Kuchen 1 Stunde und 45 Minuten backen.

Mokka-Muffins (Foto)

- 160 g Zucker, 2 TL Backpulver
- 1 EL Instant-Kaffeepulver
- 1/2 TL Zimt, 1 Prise Salz
- 2 Eier
- 240 ml Milch
- 1 Päckchen Bourbon-Vanillezucker
- 40 g Joghurt
- 100 g Halbfettmargarine
- 280 g Mehl
- 100 g geraspelte Bitterschokolade

Für 18 Stück ▪ Zubereitungszeit: ca. 15 Min. ▪ Backzeit: ca. 20 Min.
Pro Stück: 162 kcal ▪ 4,9 g Fett ▪ 25,2 g KH ▪ 27,49 % kcal aus Fett

1 Den Backofen auf 200 °C vorheizen. Das Muffinsblech mit Papierförmchen füllen.

2 Zucker, Backpulver, Kaffeepulver, Zimt, Salz, Eier, Milch, Vanillezucker, Joghurt und Margarine gut miteinander verrühren, bis sich der Zucker restlos gelöst hat. Dann das Mehl unterrühren. Zum Schluss die Schokoraspel unterheben.

3 Den Teig gleichmäßig in die Muffinsförmchen verteilen und auf der mittleren Schiene 20 Minuten backen.

TIPP: Falls Sie Schokoüberzug lieben, können Sie von der Raspelschokolade nur die Hälfte in den Teig rühren und den Rest auf den fertigen Muffins verteilen.

Lemon-Muffins

- 280 g Joghurt
- 110 g Zucker
- 280 g Mehl
- 2 TL Backpulver
- 1 Prise Salz
- 1 Ei
- 60 ml Pflanzenöl
- 1 Päckchen Bourbon-Vanillezucker
- 1 Päckchen Citroback
- 150 g Puderzucker
- 2 EL Limonensaft

Für 18 Stück ▪ Zubereitungszeit: ca. 15 Min. ▪ Backzeit: ca. 20 Min.
Pro Stück: 150 kcal ▪ 4 g Fett ▪ 26 g KH ▪ 24 % kcal aus Fett

1 Den Ofen auf 200 °C vorheizen. Die Papierförmchen in das Muffinblech einlegen.

2 Joghurt und Zucker verrühren, bis sich der Zucker gelöst hat. Mehl, Backpulver, Salz, Ei, Öl, Vanillezucker und Citroback ebenfalls dazugeben und gründlich verrühren.

3 Den Teig löffelweise in die Muffinsförmchen füllen und die Muffins in etwa 20 Minuten goldbraun backen.

4 Für die Glasur den Puderzucker mit dem Limonensaft in einer Tasse verrühren und damit die ausgekühlten Muffins dick bestreichen. Nach Belieben mit einem Stückchen Zitronat oben drauf verzieren.

Sekttorte Aranca

Für 12 Stück ▪ Zubereitungszeit: ca. 20 Min. ▪ Backzeit: ca. 15 Min.
Pro Stück: 110 kcal ▪ 1,5 g Fett ▪ 21 g KH ▪ 12 % kcal aus Fett

Für den Teig
2 Eier
75 g Zucker
100 g Mehl
1 gehäufter TL Backpulver

Für den Belag
200 ml Sekt
1 Pckg. Aranca Cremespeise-Pulver Aprikose/Maracuja
200 g Joghurt (1,5 % F.)
1 Pck. Sahnesteif
1 Pck. Vanillinzucker
1 Dose Mandarinen (314 g Abtropfgewicht)
etwas Kakaopulver zum Verzieren

1 Den Backofen auf 200 °C vorheizen. Für den Teig die Eier mit 1 Esslöffel kaltem Wasser und dem Zucker schaumig schlagen. Das Mehl mit dem Backpulver mischen und vorsichtig untermengen.

2 Einen Springformboden mit Backpapier belegen, den Teig hineinfüllen und glatt streichen. Im Backofen auf der mittleren Schiene 12 bis 15 Minuten backen und auskühlen lassen. Den Tortenboden auf eine Kuchenplatte legen, einen Tortenring herumlegen.

3 Den Sekt und das Cremespeise-Pulver mit dem Handrührgerät etwa 3 Minuten schaumig schlagen. Joghurt, Sahnesteif und Vanillinzucker dazugeben und alles gut miteinander verrühren.

4 Die Mandarinen abtropfen lassen, 12 Spalten aufheben, die restlichen unter die Creme ziehen und die Creme auf dem Tortenboden verteilen. Die Torte bis zum Verzehr gut kühlen. Mit den restlichen Mandarinenstückchen und einem Hauch Kakaopulver verzieren.

TIPP: Anstelle des Biskuitbodens können Sie auch Löffelbiskuits verwenden. Einfach eine rechteckige Form mit Löffelbiskuits (Zuckerseite nach unten) auslegen und mit dem Mandarinensaft aus der Dose beträufeln, damit sie etwas weich werden.

Französischer Obstkuchen

Für 12 Stück ▪ Zubereitungszeit: ca. 15 Min. ▪ Backzeit: ca. 40 Min.
Pro Stück: 153 kcal ▪ 5 g Fett ▪ 24 g KH ▪ 29 % kcal aus Fett

2 Eier
100 g Halbfettmargarine
100 g Zucker
1 Päck. Vanillinzucker
200 g Mehl
½ Päck. Backpulver
1 Pckg. TK-Heidelbeeren (300 g)
Puderzucker zum Bestreuen

1 Den Backofen auf 200 °C vorheizen. Die Eier mit der Margarine, dem Zucker und dem Vanillinzucker schaumig schlagen. Das Mehl und das Backpulver vermischen und unterrühren.

2 Die Heidelbeeren unter den Teig heben. Den Teig in eine mit Backpapier ausgekleidete Springform geben.

3 Den Kuchen im Ofen auf der mittleren Schiene etwa 40 Minuten backen. Vor dem Servieren mit Puderzucker bestreuen.

TIPP: Der Kuchen schmeckt auch mit Kirschen, Äpfeln oder anderen Obstarten hervorragend.

Zwetschgendatschi

Für 20 Stück ▪ Zubereitungszeit: ca. 1 Std. ▪ Backzeit: ca. 45 Min. ▪ Ruhezeit: ca. 1 Std.
Pro Stück: 204 kcal ▪ 1,9 g Fett ▪ 40,6 g KH ▪ 8,5 % kcal aus Fett

500 g Mehl
25 g frische Hefe
200 g Zucker
250 ml lauwarme Milch
2,5 kg Zwetschgen
1–2 EL gemahlener Zimt
60 g Halbfettmargarine flüssig

1 In einer Schüssel 200 Gramm Mehl mit der zerbröselten Hefe, 30 Gramm Zucker, der Milch und der Margarine zu einem flüssigen Teig verrühren. Zugedeckt an einem warmen Ort 30 Minuten gehen lassen.

2 Die Zwetschgen waschen und so entkernen, dass die beiden Hälften an einer Seite noch zusammenhängen. Die Hälften jeweils nochmals in der Mitte einschneiden.

3 Wenn der Teig gegangen ist, das restliche Mehl hinzufügen und kräftig durchkneten. Zugedeckt nochmals 30 Minuten gehen lassen.

4 Den Backofen auf 150 °C vorheizen. Den Teig auf ein mit Backpapier ausgelegtes Backblech stürzen und eine Hand voll Mehl darüber streuen, damit er nicht klebt. Den Teig mit den Fingern gleichmäßig auf dem Blech verteilen.

5 Die Zwetschgen nebeneinander in den Teig setzen. Den Datschi auf der mittleren Schiene ca. 45 Minuten backen. Nach dem Backen den Kuchen noch warm mit dem restlichen Zucker und dem Zimt überstreuen.

TIPP: Dazu passt Schlagsahne: Mit 1 Esslöffel Schlagsahne pro Stück ist der Zwetschgendatschi noch LOW FETT 30. Lecker ist auch mit etwas Wasser verdünnter Vanillequark (0,2 % Fett), eine kalte Vanillesauce oder Vanillesofteis.

Marzipan-Hefekranz

Für 20 Stück ▪ Zubereitungszeit: ca. 30 Min. ▪ Ruhezeit: ca. 45 Min. ▪ Backzeit: ca. 30 Min.
Pro Stück: 165 kcal ▪ 4,5 g Fett ▪ 22 g KH ▪ 24,5 % kcal aus Fett

500 g Mehl
42 g frische Hefe
60 g Zucker
250 ml lauwarme Milch
Salz
2 Eigelb
75 g flüssige Halbfettbutter
150 g Marzipanrohmasse
100 ml Kaffeesahne (4 % F.)

1 Das Mehl in eine Schüssel sieben, in die Mitte eine Mulde drücken. Die Hefe mit 1 Teelöffel Zucker in der Milch auflösen und in die Mulde gießen. Restlichen Zucker, Salz, 1 Eigelb und die Butter hinzufügen. Alles zu einem Teig verkneten und diesen zugedeckt 25 Minuten gehen lassen.

2 Das Marzipan zerbröckeln, die Sahne hinzufügen und mit dem Schneidstab pürieren. Den Teig kurz durchkneten und dritteln. Jedes Drittel zu einer 50 cm langen Rolle formen und 10 bis 12 cm breit ausrollen.

3 Die Marzipan-Sahne-Füllung auf den drei Stücken verstreichen, diese längs aufrollen und mit den Nähten nach unten nebeneinander auf die Arbeitsfläche legen.

4 Aus den drei Strängen einen Zopf flechten, zusammenlegen und die Enden unterschlagen. Auf einem mit Backpapier belegten Blech 20 Minuten gehen lassen. Den Backofen auf 200 °C vorheizen.

5 Das restliche Eigelb mit 1 Esslöffel Wasser verquirlen, den Kranz damit bestreichen und ca. 30 Minuten backen.

Marmorkuchen (Foto)

- 4 Eier
- 300 g Zucker
- 1 Päckchen Vanillezucker
- 250 g Halbfettmargarine
- 500 g Mehl
- 1 Päckchen Backpulver
- 1 Fläschchen Bittermandel-Aroma
- 200 ml Milch
- 30 g Kakaopulver

Für 16 Stück ▪ Zubereitungszeit: ca. 10 Min. ▪ Backzeit: ca. 1 Std.
Pro Stück: 275 kcal ▪ 9 g Fett ▪ 42,5 g KH ▪ 29 % kcal aus Fett

1 Die Eier, den Zucker, den Vanillezucker und die Halbfettmargarine schaumig rühren. Das Mehl mit dem Backpulver mischen und abwechselnd mit der Milch unter den Teig rühren. Das Bittermandel-Aroma zufügen.

2 Gut die Hälfte des Teiges in eine gefettete Napfkuchenform füllen, den restlichen Teig mit dem Kakaopulver zu einem Schokoladenteig verrühren.

3 Den Backofen auf 180 °C vorheizen. Den dunklen Teig auf dem hellen verteilen. Mit einer Gabel spiralförmig durch beide Teigschichten ziehen, sodass ein Marmormuster entsteht.

4 Den Kuchen im vorgeheizten Backofen auf der mittleren Schiene etwa 1 Stunde backen. Stäbchenprobe machen! Den fertigen Kuchen herausnehmen, kurz in der Form ruhen lassen, dann stürzen.

Harlekinkuchen

- 4 Eier
- 300 g Zucker
- 1 Päckchen Vanillinzucker
- 100 g Halbfettmargarine
- 150 g Joghurt
- 500 g Mehl
- 1 Päckchen Backpulver
- 200 ml Milch
- 2 EL lösliches Kakaopulver
- 1 Päckchen Vanillesaucenpulver
- 1/2 Päckchen Götterspeise, rot oder grün
- 1 EL Puderzucker

Für 16 Stück ▪ Zubereitungszeit: ca. 10 Min. ▪ Backzeit: ca. 1 Std.
Pro Stück: 252 kcal ▪ 5 g Fett ▪ 46 g KH ▪ 18 % kcal aus Fett

1 Die Eier mit dem Zucker, dem Vanillinzucker, der Margarine und dem Joghurt schaumig rühren. Das Mehl mit dem Backpulver mischen und abwechselnd mit der Milch unterrühren.

2 Den Teig in drei gleiche Teile teilen. Je einen Teil mit dem Kakaopulver, dem Saucenpulver und der Götterspeise verrühren.

3 Den Backofen auf 180 °C vorheizen. Eine Kastenform mit Backpapier auslegen, den hellen Teig einfüllen, darauf vorsichtig den roten oder grünen und zum Schluss den dunklen Teig streichen.

4 Den Harlekinkuchen ca. 1 Stunde backen. Den fertigen Kuchen herausnehmen, abkühlen lassen und vor dem Servieren mit Puderzucker bestreuen.

TIPP: Der Harlekinkuchen sieht auch in einer Kranzform gebacken sehr dekorativ aus.

Für den Teig
60 g Butter
280 g Mehl
2 Eier
210 g Zucker
2 TL Backpulver
1 Prise Salz
1 TL gemahlener Zimt
1 Prise geriebene Muskatnuss
240 g Apfelmus
3 EL Milch
100 g gehackte Walnusskerne

Für die Glasur
1 EL weiche Butter
220 g Puderzucker
1 Prise Salz
1 Tropfen Butter-Vanille-Aroma
1 EL Milch
2 EL Ahornsirup

Apfelmusbrot mit Ahornsirupglasur

Für 12 Stück ▪ Zubereitungszeit: ca. 40 Min. ▪ Backzeit: ca. 55 Min. ▪ Wartezeit: ca. 3 Std.
Pro Stück: 341 kcal ▪ 10,4 g Fett ▪ 58,6 g KH ▪ 27,46 % kcal aus Fett

1 Den Backofen auf 180 °C vorheizen. Eine Kastenform mit etwas Butter ausfetten und mit Mehl ausstäuben.

2 Die Eier trennen und die Eiweiße steif schlagen. Die Eigelbe mit dem Zucker schaumig rühren und nach und nach die restlichen Zutaten für den Teig dazugeben, zum Schluss die Walnüsse.

3 Zum Schluss den Eischnee zügig unter die Eigelb-Nuss-Masse heben und den Teig in die Kastenform füllen.

4 Das Brot auf der mittleren Schiene ca. 55 Minuten backen. Aus dem Ofen nehmen und etwas abkühlen lassen, dann stürzen.

5 Wenn das Brot einigermaßen erkaltet ist, für die Glasur die Butter cremig rühren. Den Puderzucker dazusieben und zusammen mit dem Salz, dem Butter-Vanille-Aroma, der Milch und dem Ahornsirup verrühren. Diese Glasur oben auf die raue Seite des Brotes auftragen.

TIPP: **Ahornsirup stammt meist aus Kanada oder den USA. Um einen Liter Ahornsirup herzustellen werden etwa 40 Liter Saft des Zuckerahorns eingedickt – daher der hohe Preis.**

Früchtebrot

Für 60 Scheiben ▪ Zubereitungszeit: ca. 45 Min. ▪ Einweichzeit: über Nacht
Marinierzeit: ca. 30 Min. ▪ Backzeit: ca. 1 Std. 10 Min.
Pro Scheibe: 92 kcal ▪ 2,5 g Fett ▪ 13 g KH ▪ 25 % kcal aus Fett

- 200 g entsteinte Backpflaumen
- 300 g getrocknete Birnen
- 200 g getrocknete Feigen
- je 100 g Haselnüsse, Walnüsse, Rosinen und Korinthen
- je 50 g klein gewürfeltes Zitronat und Orangeat
- 125 g Zucker
- je 1 Prise gemahlener Piment, gemahlener Anis und Salz
- 2 EL Rum
- 2 EL Zitronensaft
- 100 g Schwarzbrotteig vom Bäcker
- 200 g Mehl
- 50 g abgezogene halbierte Mandeln
- 60 g gemischte kandierte Früchte

1. Backpflaumen, Birnen und Feigen mit 1 Liter Wasser übergießen und über Nacht stehen lassen.
2. Die Früchte am nächsten Tag in einem Sieb abtropfen lassen und sehr klein würfeln. Haselnüsse und Walnüsse grob hacken. Rosinen und Korinthen in einem Sieb heiß abbrausen, abtropfen lassen und trockentupfen.
3. Zitronat und Orangeat mit allen Trockenfrüchten und Nüssen mischen, Zucker, Zimt, Piment, Anis, Salz, Rum und Zitronensaft hinzufügen, alles gut vermengen und zugedeckt 30 Minuten durchziehen lassen.
4. Den Backofen auf 180 °C vorheizen. Ein Backblech mit Backpapier auslegen. Den Schwarzbrotteig zu der Fruchtmasse geben, das Mehl darüber sieben und alles gründlich verkneten.
5. Aus dem Teig zwei Brotlaibe formen und mit etwas Wasser glatt streichen. Mit den Mandelhälften und den kandierten Früchten verzieren. Die Früchtebrote 1 Stunde 10 Minuten backen.

TIPP: Fehlt Ihnen beim Backen einmal eine Sorte der Trockenfrüchte, so können Sie den Anteil der anderen Früchte entsprechend erhöhen.

Honigkuchen

Für 20 Stück ▪ Zubereitungszeit: ca. 30 Min. ▪ Backzeit: ca. 12 Min. ▪ Ruhezeit: ca. 3–4 Std.
Pro Stück: 200 kcal ▪ 4,75 g Fett ▪ 34,5 g KH ▪ 22 % kcal aus Fett

- 250 g Honig
- 100 g Butter
- 130 g Zucker
- 1 Ei
- 500 g Mehl
- 1 TL Backpulver
- 1 EL Lebkuchengewürz
- 1 Prise Salz

1. Honig, Butter und Zucker in einem Topf unter Rühren vorsichtig erhitzen, bis der Zucker vollständig aufgelöst ist. Anschließend die Masse wieder lauwarm abkühlen lassen. Das Ei unter die Honigmasse rühren.
2. Mehl, Backpulver, Lebkuchengewürz und Salz mischen, nach und nach hinzufügen und den Rest mit der Hand unterkneten. Den Teig abdecken und 3 bis 4 Stunden ruhen lassen.
3. Den Backofen auf 180 °C vorheizen. Den Teig 5 mm dick ausrollen, dann in 2 x 6 cm große Streifen schneiden.
4. Die Streifen auf ein mit Backpapier ausgelegtes Blech legen und ca. 12 Minuten backen. Nach dem Backen mit Zuckerguss verzieren.

TIPP: Für den Zuckerguss 150 Gramm Puderzucker mit 1 Esslöffel Zitronensaft verrühren.

Geleeplätzchen (Foto)

Für etwa 30 Stück ▪ Zubereitungszeit: ca. 1 Std. ▪ Kühlzeit: ca. 30 Min. ▪ Backzeit: ca. 20 Min.
Pro Stück: 90 kcal ▪ 2,9 g Fett ▪ 14 g KH ▪ 28,82 % kcal aus Fett

- 250 g Mehl
- 2 TL Backpulver
- 125 g Zucker
- 1 Msp. Salz
- 1 Päckchen Citroback
- 1 Ei
- 100 g Margarine
- 100 g Johannisbeergelee
- 50 g Puderzucker

1 Das Mehl mit dem Backpulver in eine Rührschüssel sieben. Zucker, Salz, Citroback, Ei und Margarine hinzufügen. Mit dem Knethaken des Handrührgerätes gut durcharbeiten. Dann mit den Händen zu einem glatten Teig verkneten. Den Teig 30 Minuten kalt stellen.

2 Den Backofen auf 180 °C vorheizen. Den Teig dünn auf der bemehlten Arbeitsfläche ausrollen. Mit einer runden Form Plätzchen (8 cm Ø) ausstechen. Die Hälfte der Plätzchen werden zu Deckeln und müssen durch eine kleinere Form (z. B. die Spritztülle) mit Löchern versehen werden.

3 Die Plätzchen auf zwei mit Backpapier ausgelegte Backbleche legen und nacheinander etwa 10 Minuten backen. Die ungelochten Plätzchen mit Gelee bestreichen, die anderen als Deckel darauf setzen. Mit Puderzucker bestäuben.

Anisplätzchen

Für etwa 40 Stück ▪ Zubereitungszeit: ca. 1 Std. ▪ Backzeit: ca. 10 Min. ▪ Ruhezeit: ca. 12 Std.
Pro Stück: 53,05 kcal ▪ 0,4 g Fett ▪ 11,37 g KH ▪ 6,78 % kcal aus Fett

- 2 Eier
- 250 g Zucker
- 1 Msp. Salz
- 1 Päckchen Vanillinzucker
- 250 g Mehl
- 1 TL gemahlener Anis
- 1 TL gemahlener Sternanis
- 1 EL Speisestärke

1 Die Eier mit Zucker, Salz und Vanillinzucker im Wasserbad cremig rühren. Danach in Eiswasser kaltrühren.

2 Das Mehl sieben, mit Anis, Sternanis und Speisestärke mischen und unter die Creme heben.

3 Ein Backblech mit Backtrennpapier auslegen. Mit 2 Löffeln oder mit Hilfe der Spritztülle kleine Häufchen auf das Blech setzen (reichlich Abstand lassen). Einige Stunden, oder über Nacht, stehen lassen, bis die Oberfläche angetrocknet ist.

4 Die Plätzchen auf der mittleren Schiene bei 175 °C, im vorgeheizten Ofen, etwa 10 Minuten backen, vom Blech lösen und auf einem Gitter abkühlen lassen.

Aachener Printen

500 g Zuckerrübensirup
5 g Pottasche
250 g Zucker
100 g Orangeat
600 g Mehl
2 TL gemahlener Anis
2 TL gemahlener Koriander
2 TL gemahlener Zimt
1/4 TL gemahlener Piment
1/4 TL gemahlener Kardamom
1/4 TL gemahlene Nelken
1 TL Natron
50 g Hagelzucker

Für etwa 50 Stück ▪ Zubereitungszeit: ca. 1 Std. 15 Min. ▪ Backzeit: ca. 15 Min.
Ruhezeit: ca. 24 Std.
Pro Stück: 101 kcal ▪ 0,13 g Fett ▪ 24 g KH ▪ 1,14 % kcal aus Fett

1 Den Sirup mit 3 Esslöffel Wasser und der Pottasche erwärmen, den Zucker darin auflösen. Die Mischung auf Handwärme abkühlen lassen.

2 Das Orangeat sehr fein würfeln, mit dem Mehl und den Gewürzen unter den Sirup kneten. Den Teig abdecken und 24 Stunden kalt stellen.

3 Den Backofen auf 200 °C vorheizen. Den Teig auf bemehlter Fläche etwa 4 mm dick ausrollen. In etwa 3 x 8 cm große Stücke schneiden und auf einem mit Backpapier ausgelegten Blech etwa 15 Minuten backen.

4 Die Printen noch warm mit Hagelzucker bestreuen und auskühlen lassen.

TIPP: Einige der Printen können auch dünn mit Kuvertüre überzogen werden, da der Fettanteil der Printen sehr niedrig ist.

Eisblumen

125 g Mehl
1/2 TL Backpulver
1 Päckchen Citroback
1 Vanilleschote
100 g Speisestärke
75 g Puderzucker
40 g Butter
1 Ei
2 EL Schmand
1 Eigelb
2 EL Kondensmilch (4 % F.)
3 EL Hagelzucker

Für etwa 50 Stück ▪ Zubereitungszeit: ca. 40 Min. ▪ Kühlzeit: ca. 1 Std. ▪ Backzeit: ca. 10–15 Min.
Pro Stück: 35 kcal ▪ 1 g Fett ▪ 5,5 g KH ▪ 26,44 % kcal aus Fett

1 Mehl mit Backpulver in eine Schüssel sieben, Citroback, ausgekratztes Vanillemark, Speisestärke und Puderzucker dazugeben.

2 Die Butter in kleinen Flöckchen in die Schüssel geben. Alles zusammen mit Ei und Schmand schnell zu einem Teig verkneten. Mindestens 1 Stunde kalt stellen.

3 Eigelb und Kondensmilch verrühren und beiseite stellen. Den Backofen auf 180 °C vorheizen.

4 Den Mürbeteig auf der bemehlten Arbeitsfläche etwa 3 mm dünn ausrollen. Mit einer Blumenform Plätzchen ausstechen und auf mit Backpapier belegte Bleche setzen.

5 Die Plätzchen mit der Eigelb-Kondensmilch-Mischung bestreichen, mit Hagelzucker bestreuen und im Backofen auf der mittleren Schiene etwa 10 bis 15 Minuten backen.

Amarettini-Makronen

Für etwa 40 Stück ▪ Zubereitungszeit: ca. 25 Min. ▪ Backzeit: ca. 10 Min.
Pro Stück: 17 kcal ▪ 0,2 g Fett ▪ 19,7 g KH ▪ 11 % kcal aus Fett

150 g Amarettini
3 Eiweiß
Salz
40 Backoblaten (5 cm Ø)

1 Die Amarettini mahlen oder mit dem Mörser fein zerbröseln. Die Eiweiße mit 1 Prise Salz steif schlagen. Die Brösel mit dem Eiweiß mischen.

2 Den Backofen auf 160 °C vorheizen. Die Backoblaten auf ein mit Backpapier ausgelegtes Backblech setzen. Von der Masse mit zwei Teelöffeln Häufchen abnehmen und auf die Oblaten setzen.

3 Die Makronen im Backofen auf der mittleren Schiene in etwa 10 Minuten hellgelb backen.

Kokoszwiebackmakronen

Für etwa 40 Stück ▪ Zubereitungszeit: ca. 1 Std. 10 Min. ▪ Ruhezeit: ca. 30 Min.
Backzeit: ca. 20 Min.
Pro Stück: 43 kcal ▪ 0,6 g Fett ▪ 8,6 g KH ▪ 12,86 % kcal aus Fett

4 Eiweiß
1 Prise Salz
1 TL Citroback
200 g Zucker
200 g gemahlener Kokoszwieback

1 Die Eiweiße zusammen mit Salz und Citroback sehr steif schlagen. Dabei den Zucker langsam einrieseln lassen. Den gemahlenen Kokoszwieback unterheben und die Masse etwa 30 Minuten ruhen lassen.

2 Den Backofen auf 175 °C vorheizen. Ein Backblech mit Backpapier auslegen und mit Löffeln in regelmäßigem Abstand kleine Häufchen darauf setzen.

3 Die Makronen im Backofen auf der mittleren Schiene etwa 20 Minuten backen. Die fertigen Makronen herausnehmen, vom Blech lösen und auf einem Kuchengitter abkühlen lassen.

TIPP: Man kann die Makronenmasse auch auf Oblaten setzen, dann gehen die Plätzchen leichter vom Blech.

Nikolaus (Foto)

Für den Teig
250 g Honig
100 g Halbfettmargarine
2 Eier
125 g Zucker
1 TL (10 g) Pottasche
375 g Mehl
2 EL Lebkuchengewürz
1 TL abgeriebene Schale einer unbehandelten Zitrone
2 EL Rum
1 EL Kakaopulver
100 g fein gehacktes Zitronat
50 g fein gehacktes Orangeat
80 g gehackte Mandeln

Für die Verzierung
200 g Puderzucker
1 Eiweiß
rote Speisefarbe

Für 16 Stück ▪ Zubereitungszeit: ca. 20 Min. ▪ Backzeit: ca. 20 Min. ▪ Zeit zum Verzieren und Trocknen: ca. 1 Std. 30 Min. ▪ Pro Stück: 261 kcal ▪ 6,5 g Fett ▪ 56,5 g KH ▪ 22,5 % kcal aus Fett

1 Den Honig und die Margarine in einem Topf erhitzen, gut verrühren und abkühlen lassen. Die Eier und den Zucker in einer Rührschüssel schaumig schlagen, die Honigmischung unterrühren. Die Pottasche mit 1 Esslöffel Wasser verrühren, mit den restlichen Zutaten zur Eiermasse geben und alles gründlich verkneten.

2 Den Backofen auf 175 °C vorheizen. Zwei Springformen von ca. 24 cm Ø mit Backpapier auslegen, den Rand eventuell leicht einfetten, den Teig in beide Backformen verteilen und glatt streichen. Die Kuchen etwa 20 Minuten backen.

3 Die Honigkuchen auf einem Kuchengitter abkühlen lassen. Die beiden Kuchen in jeweils acht Tortenstücke schneiden.

4 Zum Verzieren den Puderzucker sieben, das Eiweiß schaumig, nicht steif schlagen und mit dem Puderzucker verrühren. Falls der Guss zu fest ist, noch ein paar Tropfen Wasser hinzufügen.

5 Ein Drittel des Gusses mit der Speisefarbe kräftig rot einfärben. Mit einem Pinsel die roten Zipfelmützen auf die Tortenspitzen aufmalen. Aus Pergamentpapier kleine Spritztüten drehen, mit dem weißen Guss füllen und Gesicht, Bart, Mützenkrempen und Rocksaum spritzen. Den Guss gut trocknen lassen (ca. 1 Stunde) und die Nikolause luftdicht verpacken.

TIPP: Einzeln in kleine Zellophantüten gesteckt oder in nette Pappschachteln oder Dosen gelegt, mit Tannenzweigen und etwas weihnachtlichem Dekor versehen, sind die Nikolause ein hübsches Geschenk in der Adventszeit.

Weckmann

150 g Quark
80 g Zucker, 300 g Mehl
1 Päckchen Backpulver
2 EL Öl
4 EL Wasser
6 EL Milch, 1 Prise Salz
5 Korinthen
Milch zum Bestreichen

Für 1 Stück ▪ Zubereitungszeit: ca. 45 Min.
Insgesamt: 1741 kcal ▪ 26,7 g Fett ▪ 311,69 g KH ▪ 13,78 % kcal aus Fett

1 Alle Zutaten, bis auf die Korinthen, mit den Knethaken des Handrührgeräts verkneten. Den Teig zu einer Rolle formen. Den Backofen auf 200 °C vorheizen.

2 Aus dem Teig einen Weckmann formen und auf das Backpapier legen. Die Korinthen als Augen und Knöpfe in den Teig drücken. Den Weckmann mit Milch bestreichen und im Backofen ca. 25 Minuten backen.

TIPP: Aus diesem Weckmannteig lässt sich auch ein Zopf formen, die Backzeit ist dann etwas länger.

Magenbrot

- 250 g Zuckerrübensirup
- 75 g Butter, 1 Ei
- 500 g Mehl
- 1 EL Kakaopulver
- 1 TL gemahlener Zimt
- 1 TL Lebkuchengewürz
- 125 ml kalter, starker Kaffee
- 1 EL Rosenwasser
- 1 TL Pottasche
- 20 g Kokosfett
- 150 g Puderzucker
- 1 EL Arrak, 1 EL Rotwein

Für etwa 50 Stück ■ Zubereitungszeit: ca. 30 Min. ■ Kühlzeit: ca. 1 Std. ■ Backzeit: ca. 20 Min.
Pro Stück: 78 kcal ■ 1,8 g Fett ■ 13,7 g KH ■ 21,18 % kcal aus Fett

1 Den Zuckerrübensirup mit der Butter erwärmen und abkühlen lassen. Das Ei unterrühren, Mehl, Kakao, Gewürze, Kaffee und die mit Rosenwasser angerührte Pottasche darunterkneten. Den Teig in Folie wickeln und etwa 1 Stunde in den Kühlschrank legen.

2 Den Backofen auf 200 °C vorheizen. Ein Backblech mit Backpapier auslegen.

3 Den Teig auf dem Backpapier ausrollen und im Backofen auf der mittleren Schiene etwa 20 Minuten backen.

4 Das gebackene Magenbrot in Stücke von etwa 3 x 4 cm schneiden und abkühlen lassen.

5 Für den Guss das Kokosfett zerlassen und mit Puderzucker, Arrak und Rotwein verrühren. Das Magenbrot damit überziehen.

Apfelbrot

- 750 g Äpfel
- 250 g Zucker
- 500 g Mehl
- 1 Päckchen Backpulver
- 1 Päckchen Lebkuchengewürz
- 1 TL gemahlener Zimt
- 1/2 TL geriebene Muskatnuss
- 100 g Rosinen
- 100 g ganze Mandeln
- 100 g ganze Haselnüsse

Für 16 Stück ■ Zubereitungszeit: ca. 30 Min. ■ Ruhezeit: über Nacht ■ Backzeit: ca. 1 Std.
Pro Stück: 294 kcal ■ 8 g Fett ■ 49,6 g KH ■ 24,31 % kcal aus Fett

1 Die Äpfel klein schneiden und mit dem Zucker mischen. Über Nacht zugedeckt kalt stellen.

2 Am nächsten Tag den Backofen auf 180 °C vorheizen. Mehl, Backpulver und die Gewürze vermengen. Zusammen mit den Rosinen, den Mandeln und den Haselnüssen zu den Äpfeln geben und alles mit dem Kochlöffel verrühren.

3 Den Teig in eine Kastenform füllen und im Backofen auf der mittleren Schiene etwa 1 Stunde backen.

Weihnachtsstollen

Für etwa 40 Scheiben ▪ Zubereitungszeit: ca. 1 Std. ▪ Ruhezeit: ca. 1 Std. 15 Min.
Backzeit: ca. 1 Std.
Pro Scheibe: 109 kcal ▪ 2,6 g Fett ▪ 18,1 g KH ▪ 21,71 % kcal aus Fett

1 Das Mehl in eine Schüssel sieben, in die Mitte eine Mulde drücken, die Hefe hineinbröckeln und 1 Esslöffel Zucker dazugeben.

2 Die Milch erwärmen, in die Mulde gießen und rühren, bis sich die Hefe und der Zucker auflösen. Mit einem Viertel des Mehls zu einem Vorteig verrühren. Den Vorteig zudecken und etwa 15 Minuten an einem warmen Ort gehen lassen.

3 Die Margarine zerlassen und etwas abkühlen lassen. Restlichen Zucker, Salz, Gewürze, Orangeback, Zitronat, Orangeat und Rosinen in den Teig einkneten. Den Quark unter die zerlassene Margarine rühren und ebenfalls unter den Teig kneten. Den Teig zugedeckt noch weitere 30 Minuten gehen lassen.

4 Den Teig auf einer bemehlten Arbeitsfläche glatt kneten und zu zwei gleich großen Rollen von etwa 3 cm Durchmesser formen.

5 Die Rollen mit dem Nudelholz in der Mitte etwas dünner ausrollen, beide Teighälften aufeinander legen und zusammendrücken. Den Stollen auf ein mit Backpapier ausgelegtes Backblech legen und nochmals 30 Minuten gehen lassen.

6 Den Backofen auf 170 °C vorheizen und den Stollen etwa 1 Stunde backen.

7 Den Vanillinzucker und den Puderzucker in einem Schüsselchen vermischen. Die Butter zerlassen. Den Stollen noch warm mit der Butter bestreichen und in der Zuckermischung wälzen, bei Bedarf mehrmals.

Für den Teig
550 g Mehl
42 g frische Hefe (1 Würfel)
75 g Zucker
125 ml Milch
200 g Halbfettmargarine
1 Prise Salz
1 TL gemahlener Kardamom
1 TL gemahlener Zimt
1 Päckchen Orangeback
50 g fein gewürfeltes Zitronat
50 g fein gewürfeltes Orangeat
250 g Rumrosinen
50 g Quark

Zum Bestreichen
20 g Vanillinzucker
20 g Puderzucker
20 g Butter

LOW FETT 30-Tabelle

Lebensmittel, Menge (essbarer Anteil)	Energie (kcal)	Fett (g)	Kohlen-hydrate (g)	kcal aus Fett (%)
Brot, Knäcke, Zwieback & Co.				
Burger BIO Mehrkorn Knäckebrot, 100 g	320	2,0	65,0	5,63
Burger BIO Roggen Knäckebrot, 100 g	314	1,7	65,0	4,87
Burger Dinkel Knäckebrot, 100 g	321	1,7	64,9	4,77
Burger Knusperbrot Weizen, 100 g	380	3,5	76,9	8,29
Gutena Filinchen Ballaststoff Active Knusper-Brot, 100 g	377	5,7	70,7	13,61
Gutena Filinchen Diät Knusper-Brot, 100 g	395	5,0	87,2	11,39
Gutena Filinchen Knusper-Brot, 100 g	399	6,2	74,7	13,98
Gutena Filinchen Vital Knusper-Brot, 100 g	392	5,8	71,6	13,32
Gutena Filinchen Wellness Active Knusper-Brot, 100 g	395	6,3	73,7	14,35
Kamps Hausbrot, 100 g	189	2,0	37,0	9,52
Kamps Rübli Mischbrot mit Möhren, 100 g	223	5,3	36,1	21,39
Knäckebrot, 100 g	317	1,3	65,3	3,69
Knäckebrot, Vollkorn, 100 g	313	0,1	75,0	0,29
Leicht & Cross Knusperbrot Weizen, 100 g	361	3,0	72,0	7,48
Pema Bio-Dinkelbrot, 100 g	180	2,0	33,0	10,00
Pema Bio-Mehrkornbrot, 100 g	171	1,0	35,0	5,26
Pema Fränkisches Vollkornbrot, 100 g	159	1,0	32,0	5,66
Roggenbrot, 100 g	228	0,9	47,6	3,55
Roggenmischbrot, 100 g	221	1,0	45,4	4,07
Roggenvollkornbrot, 100 g	205	1,1	40,8	4,83
Schneekoppe Bio-4Korn-Reis-Snack, 100 g	372	3,0	74,0	7,26
Schneekoppe Bio-Reis-Mais-Snack, 100 g	380	2,0	81,0	4,74
Sinnack 1 Ciabattabrot zum Fertigbacken, 100 g	244	2,0	49,0	7,38
Weißbrot, 100 g	237	1,1	47,8	4,18
Weizenmischbrot, 100 g	239	1,0	50,0	3,77
Weizentoastbrot, 100 g	265	4,0	48,1	13,58
Weizenvollkornbrot, 100 g	205	0,8	41,4	3,51
Wellenutland Bio Reiswaffeln, 100 g	372	3,0	72,0	7,26

Lebensmittel, Menge (essbarer Anteil)	Energie (kcal)	Fett (g)	Kohlen-hydrate (g)	kcal aus Fett (%)
Backwaren und Kuchen				
Ditsch Käsestange, 1 Stück	426	14,1	53,0	29,79
Ditsch Laugenbrezel, 1 Stück	199	3,0	36,6	13,57
Ditsch Laugenbrötchen, 1 Stück	199	3,0	36,6	13,57
Ditsch Laugenstange, 1 Stück	199	3,0	36,6	13,57
Ditsch Tomaten-Mozzarella-Stange, 1 Stück	381	5,6	53,2	13,23
Ditsch Zwiebel-Käse-Stange, 1 Stück	463	13,3	62,6	25,85
Müller Brot Hahnenkamm, 100 g	322	5,3	60,0	14,81
Müller Brot Plunderhörndl, 100 g	329	8,2	57,3	22,43
Müller Brot XXL-Quarktasche, 100 g	327	6,5	57,5	17,89
Müller-Brot Amerikaner, 100 g	376	9,8	56,4	23,46
Müller-Brot Früchterl mit Erdbeeren, 100 g	183	2,7	36,1	13,28
Müller-Brot Hahnenkamm, 100 g	322	5,3	60,0	14,81
Müller-Brot Kopenhagener Schnecke, 100 g	293	5,0	60,0	15,36
Müller-Brot XXL-Nuss-Schnecke, 100 g	349	8,9	59,7	22,95
Müller-Brot Zwetschgendatschi, 100 g	200	5,2	33,1	23,40
Backmischungen				
Aurora Backmischung für 6-Korn-Brot, 100 g	337	3,0	65,0	8,01
Aurora Backmischung für Frühstücksbrot, 100 g	357	5,8	66,4	14,62
Aurora Brotbackmischung Vollwertkruste, 100 g	338	3,2	64,2	8,52
Diamant für kräftig rustikales Roggenvollkornbrot, 100 g	186	1,1	38,1	5,32
Diamant Backmischung für Sonnenkernbrot, 100 g	241	4,9	40,7	18,30
Diamant Backmischung für Vital Dinkel-Roggenbrot, 100 g	204	2,8	37,2	12,35
Gloria Backmischung für Mehrkornbrot, 100 g	340	4,3	62,7	11,38
Gloria Backmischung für Weizenmischbrot, 100 g	323	1,3	66,8	3,62
Gloria Backmischung für Wellnessbrot mit Calcium, 100 g	325	3,0	61,3	8,31
RUF Backmischung Milchreistorte zubereitet, 100 g	214	6,0	34,9	25,23
RUF Brotbackmischung Aktifitbrot mit Hanfsaaten, 100 g	359	6,8	58,5	17,05
RUF Brotbackmischung Aktifitbrot, Omega-3-Fettsäuren, 100 g	314	3,6	64,5	10,32
RUF Brotbackmischung Artländer Kartoffelbrot, 100 g	332	1,4	68,7	3,80

Lebensmittel, Menge (essbarer Anteil)	Energie (kcal)	Fett (g)	Kohlenhydrate (g)	kcal aus Fett (%)
RUF Brotbackmischung Bruschetta, 100 g	334	1,7	66,1	4,58
Veris Pfannkuchen-Mix, 100 g	378	7,3	59,6	17,38
Dessert- und Nachspeisenpulver				
Dr. Oetker Dessert-Sosse Schokolade, ohne Kochen, 100 g	364	2,0	82,6	4,95
Dr. Oetker Dessert-Sosse Vanille, zum Kochen, 100 g	350	0,1	86,8	0,26
Dr. Oetker Fruchtzauber Erdbeere, 100 g	385	0,3	95,0	0,70
Dr. Oetkerala Bourbon-Vanille, 100 g	343	0,1	85,1	0,26
Dr. Oetker Grießbrei nach klassischer Art, 100 g	354	0,4	83,2	1,02
Dr. Oetker Milchreis Apfel-Zimt, 100 g	359	0,5	84,7	1,25
Dr. Oetker Rote Grütze mit Sago, Himbeer, 100 g	346	0,1	83,1	0,26
Dr. Oetker Süßer Moment Karamell, 100 g	403	6,5	78,2	14,52
Dr. Oetker Süßer Moment Sahne-Mandel, 100 g	412	7,6	77,8	16,60
Dr. Oetker Süßer Moment Schokolade, 100 g	393	5,7	77,8	13,05
Mondamin Milchreis Vanille, 100 g	379	1,0	89,0	2,37
Mondamin Süße Gerichte Milchreis Klassische Art, 100 g	364	1,0	88,0	2,47
Mondamin Süße Gerichte Milchreis Zauber Vanille, 100 g	405	6,0	79,0	13,33
Puddis Grießpudding mit Schokosoße, 100 g	101	2,3	17,0	20,50
Puddis Kokospudding mit Schokosoße (4 x 125 g), 100 g	95	1,9	17,0	18,00
Puddis Milchpudding Karamell (4 x 125 g), 100 g	104	2,1	19,0	18,17
Puddis Milchpudding mit Schokolade (4 x 125 g), 100 g	98	2,5	16,0	22,96
Puddis Milchpudding Vanille (4 x 125 g), 100 g	96	2,1	17,0	19,69
Puddis Vanillepudding mit Schokosoße (4 x 125 g), 100 g	101	2,2	18,0	19,60
Veris Instant Fruchtsuppe Aprikose, 100 g	383	0,1	93,6	0,23
Veris Instant Fruchtsuppe Heidelbeer, 100 g	378	0,3	92,0	0,71
Veris Rote Grütze, 100 g	370	0,4	86,4	0,97
Fertigprodukte				
Aral SuperSnack Kochschinken, 1 Stück	330	8,6	42,6	23,45
Aral SuperSnack Putenbrust, 1 Stück	310	5,4	46,0	15,68
BIGFOOD Curry Huhn Asia mit Reis, 100 g	99	0,8	18,2	7,27
BIGFOOD Hähnchenbrustfilet Gärtner Art mit Reis, 100 g	106	1,5	15,2	12,74

Lebensmittel, Menge (essbarer Anteil)	Energie (kcal)	Fett (g)	Kohlen-hydrate (g)	kcal aus Fett (%)
BIGFOOD Kanton Ente mit Reis, 100 g	92	2,3	14,3	22,50
Dr. Lange Hühnersuppe mit Nudeln 8-Teller, 100 g	25	0,5	4,0	18,00
Dr. Lange Nudeltopf mit Gemüse und Rindfleisch, 100 g	59	0,5	11,0	7,63
Dr. Lange Rindfleischsuppe mit Nudeln 3-Teller, 100 g	39	0,5	7,0	11,54
Du darfst Hühner-Nudel-Suppe, 100 g	94	1,0	16,4	9,57
Du darfst Tomaten-Nudel-Suppe, 100 g	134	1,4	26,4	9,40
Erasco 1-Portion Hühner-Reistopf, 100 g	55	1,3	7,7	21,27
Erasco Griech. Reispfanne, 100 g	166	5,4	23,8	29,28
Erasco Heisse Tasse extra Chinesische Nudel-Suppe, 100 g	52	0,7	0,0	12,12
Erasco Heisse Tasse extra Gemüse-Nudel-Suppe, 100 g	52	0,5	0,0	8,65
Erasco Heisse Tasse extra Grüne Nudel-Suppe m. Käse, 100 g	81	2,3	0,0	25,56
Erasco Heisse Tasse extra Hühner-Nudel-Suppe, 100 g	54	0,7	0,0	11,67
Erasco Heisse Tasse extra Ind. Nudel-Suppe m. Curry, 100 g	61	1,3	0,0	19,18
Erasco Ital. Tomaten-Nudeltopf, 100 g	49	0,7	6,8	12,86
Henglein Kartoffelnudeln, 100 g	147	1,2	31,0	7,35
Knorr activ Nudeln mit Champignons, 100 g	353	4,0	65,0	10,20
Knorr activ Penne mit Sommergemüse in Tomatens., 100 g	335	2,0	65,0	5,37
Knorr Deftiger Nudel-Topf mit Fleischklößchen (2 Teller), 100 g	358	8,0	55,0	20,11
Knorr Feinschmecker Hühner-Suppe m. Nudeln (3 Teller), 100 g	325	4,0	57,0	11,08
Knorr Hütten Schmaus Nudeln in Rahmbraten-Sauce, 100 g	400	12,0	61,0	27,00
Knorr Hütten Schmaus Spätzle in Champignon-Sauce, 100 g	389	11,0	59,0	25,45
Knorr Snack Bar Nudeln Arrabiata, 100 g	340	2,0	67,0	5,29
Knorr Spaghetteria Napoli-Pasta in Tomatensauce, 100 g	340	2,0	67,0	5,29
Knorr Spaghetteria Bolognese (2 Portionen), 100 g	357	6,0	60,0	15,13
Knorr Spaghetteria Carbonara mit Sahne u. Speck, 100 g	404	13,0	58,0	28,96
Knorr Suppenliebe Huhn-Nudeltopf m. Frühlingsgemüse, 100 g	345	4,0	61,0	10,43
Maggi 5 Minuten Terrine Nudeln in Gulaschsoße, 100 g	382	10,7	56,1	25,21
Maggi 5 Minuten Terrine Nudeln in Tom.-Mozz.-Sauce, 100 g	397	12,6	61,7	28,56
Maggi Ein Teller Nudeln in Broccoli-Creme-Sauce, 100 g	398	10,2	60,6	23,07
Maggi Ein Teller Nudeln in Champignon-Creme-Sauce, 100 g	376	6,3	62,8	15,08
Maggi Ein-Teller Tomaten-Nudeltopf Toscana, 100 g	49	1,1	8,3	20,20
Maggi Feel-Good Hühnersuppe mit Nudeln, 29 g	93	0,6	18,4	5,81

Lebensmittel, Menge (essbarer Anteil)	Energie (kcal)	Fett (g)	Kohlenhydrate (g)	kcal aus Fett (%)
Reinert Aktifit Edelgemüse in Aspik, fleischlos, 100 g	46	0,1	3,0	1,96
Veris Champignoncremesuppe, 100 g	354	4,1	56,2	10,42
Veris Gurkensuppe DORIA, 100 g	356	3,8	69,9	9,61
Veris Natur Fit – Mix für Grünkernbratlinge, 100 g	369	7,4	63,5	18,05
Saucen und Würzmittel				
Birkel Nudel up Tomatensauce mit Frühlingsgemüse, 100 g	50	1,6	7,0	28,80
Kikkoman Soja Sauce Süß, 100 ml	115	0,9	22,7	7,04
Kikkoman Soja-Sauce, 100 ml	62	0,9	6,9	13,06
Kikkoman Würzsauce Teriyaki ideal für Fisch, 100 g	82	0,0	15,2	0,00
Kikkoman Würzsauce Teriyaki ideal für Fleisch, 100 g	97	0,3	18,4	2,78
Kikkoman Würzsauce Teriyaki ideal für Gemüse, 100 g	139	0,0	31,3	0,00
Knorr Fix für Gulasch, 100 g	300	5,0	53,0	15,00
Knorr Fix für Hackbällchen Toskana, 100 g	334	9,0	51,0	24,25
Knorr Fix für Hackbraten, 100 g	322	6,0	54,0	16,77
Knorr Spaghetteria Sauce Napoli (380 ml Glas), 100 g	61	1,0	11,0	14,75
Knorr Spaghetteria Sauce Peperoni (380 ml Glas), 100 g	64	1,0	11,0	14,06
Knorr Spaghetteria Tomaten Sauce Napoli, 100 g	303	3,0	56,0	8,91
Knorr Tomato al Gusto Knoblauch, 100 g	36	1,0	6,0	25,00
Knorr Tomato al Gusto Kräuter, 100 g	32	1,0	5,0	28,13
s-pur Braune Sauce, 100 g	338	5,6	61,1	14,91
s-pur Fix für Griechische Pfanne, 100 g	292	7,0	39,0	21,58
s-pur Klare Fleischsuppe, 100 g	230	6,9	35,8	27,00
s-pur Soja-Bolognese, 100 g	301	6,5	46,9	19,44
s-pur Uniklar, 100 g	144	2,6	25,3	16,25
s-pur Weisse Sauce, 100 g	393	12,6	56,2	28,85
s-pur Würzfein, 100 g	148	0,7	33,0	4,26
s-pur-Tomatensauce, 100 g	338	7,9	59,1	21,04
Veris Basis für Salat-Dressing Caesar, 100 g	331	6,5	51,0	17,67
Veris Basis für Salat-Dressing mit Kräutern, 100 g	323	2,6	65,7	7,24
Veris Demiglace Braune Grundsauce, 100 g	376	8,2	66,2	19,63
Veris Geflügelsaft Basis, 100 g	365	11,3	43,4	27,86

Lebensmittel, Menge (essbarer Anteil)	Energie (kcal)	Fett (g)	Kohlenhydrate (g)	kcal aus Fett (%)
Veris Gulaschsauce Basis, 100 g	358	8,4	40,2	21,12
Veris Salat-Fix Universal, 100 g	318	0,3	70,3	0,85
Veris Sambo Sauce zu Braten, 100 g	333	2,7	74,5	7,30
Veris Saucenbasis für Gemüsepfanne Asiatisch, 100 g	315	0,3	73,7	0,86
Veris Vision Gänsefond, 100 g	294	8,6	46,4	26,33
Veris Vision Gemüsefond, 100 g	273	4,7	52,4	15,49
Veris Vision Kalbsfond, 100 g	292	2,5	54,0	7,71
Tiefkühlprodukte				
bofrost Gemüse-Wildreis-Mischung 789, 100 g	109	2,5	18,0	20,64
bofrost Lousiana Pfanne 277, 100 g	91	2,0	11,3	19,78
bofrost Nudelpfanne Milano 287, 100 g	85	1,3	13,2	13,76
bofrost Original schwäbische Eierspätzle 670, 100 g	171	2,5	30,7	13,16
bofrost Original schwäbische Schupfnudeln 669, 100 g	151	1,3	30,8	7,75
bofrost Penne Rialto 569, 100 g	181	5,0	28,0	24,86
bofrost Penne Vier Käse 295, 100 g	144	4,7	19,3	29,38
bofrost Pfifferling Reispfanne 759, 100 g	114	3,2	18,6	25,26
bofrost Putengeschnetzeltes Provencale 441, 100 g	106	3,3	13,0	28,02
bofrost Rehgeschnetzeltes in Preiselbeersoße 221, 100 g	111	3,7	6,1	30,00
bofrost Sauerbraten in Soße 203, 100 g	111	3,4	4,4	27,57
bofrost Schweinefleisch Szechuan 194, 100 g	79	2,6	5,0	29,62
bofrost Sortimentpaket Hawaii-Baguette 280, 100 g	234	6,0	34,0	23,08
Costa Dampfnudeln, 100 g	249	3,3	46,9	11,93
Dr. Oetker Die Ofenfrische Pizza Gemüse, 100 g	185	6,1	25,2	29,68
Dr. Oetker Die Ofenfrische Pizza Margherita, 100 g	206	5,8	29,5	25,34
Dr. Oetker Die Ofenfr. Pizza Schinken-Champignons, 100 g	185	4,5	27,4	21,89
eismann Alaska Seelachs mit Reis-Erbsen 9107, 100 g	90	2,0	12,0	20,00
eismann Apfel-Reis-Auflauf 8800, 100 g	124	4,0	19,0	29,03
eismann Gemüse-Mix mit Wildreis 5517, 100 g	78	2,0	12,0	23,08
eismann Nudel-Gemüse-Salat 5556, 100 g	80	1,0	16,0	11,25
Geti Wilba Nudelpfanne Toskana, 100 g	110	2,0	17,0	16,36
Iglo Gemüsegericht mit Reis hellgrün, 100 g	79	1,9	13,0	21,65

Lebensmittel, Menge (essbarer Anteil)	Energie (kcal)	Fett (g)	Kohlen-hydrate (g)	kcal aus Fett (%)
Iglo Patna-Wildreis, 100 g	81	0,2	17,0	2,22
Knorr Bandnudeln Champignon, 100 g	149	4,1	24,0	24,77
Lawa Hefeknödel Dampfnudeln, 100 g	198	1,5	37,4	6,82
Lawa Hefeknödel Reisenhefeklöße, 100 g	218	1,9	41,4	7,84
Schne-Frost Schupfnudeln, 100 g	155	1,0	32,0	5,81
Wagner Bruschetta Cocktail-Crema, 100 g	182	4,1	30,4	20,27
Wagner Bruschetta Tomate-Basilikum, 100 g	213	5,8	31,9	24,51
Wagner Hefe-Teig Pizza, 100 g	235	3,9	43,6	14,94
Wagner La Pizza Duetti, 100 g	224	7,7	28,2	30,94
Wagner La Pizza Prosciutto-Rucola-Pesto, 100 g	213	7,1	27,1	30,00
Wagner La Pizza Salmone-Spinaci, 100 g	189	5,9	24,0	28,10
Wagner Pizza Balance Geflügelsalami, 100 g	193	5,2	26,4	24,25
Wagner Pizza Balance Grüner Spargel, 100 g	168	4,3	24,3	23,04
Wagner Pizza Balance Hähnchen Wokgemüse, 100 g	166	3,0	25,2	16,27
Wagner Pizza Teig, 100 g	235	3,9	43,6	14,94
Nudeln, Reis & Co.				
3 Pauly Bandnudeln, glutenfrei, 100 g	363	1,4	86,0	3,47
3 Pauly Bio Hartweizen Bandnudeln, 100 g	346	1,6	71,0	4,16
Bamboo Garden Chinesische Reisteigplatten, roh, 100 g	372	0,5	75,0	1,21
Bamboo Garden Glasnudeln, chinesich, breit, 100 g	336	0,2	82,7	0,54
Bamboo Garden Himalaya Basmatireis, roh, 100 g	357	1,2	77,4	3,03
Bernbacher Die Guten Eiernudeln, 100 g	118	0,7	23,1	5,34
Birkel 3 Glocken – Gold-Ei Landnudeln, 100 g	352	4,0	65,0	10,23
Birkel 7 Hühnchen Eiernudeln (ungekocht), 100 g	350	2,0	71,0	5,14
Birkel Möwe Himmlische Nudeln, 100 g	359	3,0	70,0	7,52
Birkel Möwe Meine liebsten Nudeln ohne Ei, 100 g	350	2,0	71,0	5,14
Buck Dorfmühle Nudeln, 100 g	362	2,8	71,6	6,96
Buck Gaggli Nudeln, 100 g	362	3,1	69,1	7,71
Ebly Express Provencal, 100 g	175	4,8	28,1	24,69
Ebly Express Zartweizen Curry/Indisch, 100 g	184	3,6	32,4	17,61
Ebly Express Zartweizen Original mit Olivenöl, 100 g	172	2,8	31,4	14,65

Lebensmittel, Menge (essbarer Anteil)	Energie (kcal)	Fett (g)	Kohlen-hydrate (g)	kcal aus Fett (%)
Ebly Original Zartweizen, 100 g	351	1,7	71,9	4,36
Glasnudeln, 100 g	160	0,0	20,0	0,00
Hilcona Tortelloni Carne (Fleisch), 100 g	200	4,3	31,0	19,35
Maggi Reiskugeln (Kochbeutel) Curry, 100 g	117	1,8	22,8	13,85
Maggi Reiskugeln (Kochbeutel) Risi-Bisi, 100 g	113	1,2	22,6	9,56
Müllers Mühle Reiscracker Barbecue, 100 g	380	0,9	86,7	2,13
Nudeln, eifrei, roh, 100 g	362	1,2	75,2	2,98
Reis, Naturreis, gekocht, 100 g	127	0,7	27,3	4,96
Reis, Naturreis, roh, 100 g	347	2,2	74,1	5,71
Reis, parboiled, gekocht, 100 g	123	0,3	27,6	2,20
Reis, parboiled, roh, 100 g	344	0,5	78,4	1,31
Reis, poliert, roh, 100 g	347	0,6	78,4	1,56
reis-fit 8 Basmati-Reis, roh, 100 g	340	0,5	77,0	1,32
reis-fit 8 Natur-Reis, roh, 100 g	340	2,2	73,5	5,82
reis-fit Spitzen-Langkorn & Wildreis, roh, 100 g	345	0,5	77,0	1,30
reis-fit Spitzen-Langkorn, roh, 100 g	340	0,5	77,0	1,32
Rickmers Reis, bali US Langkorn parboiled mit Wildreis, roh, 100 g	332	1,0	71,6	2,71
Rickmers Reis, Langkorn parboiled, roh, 100 g	353	1,5	76,4	3,82
Tress echtes Landleben cholesterinfr. Fadennudel-Nester, 100 g	361	1,4	75,6	3,49
Tress echtes Landleben Cholesterinfreier Nudelreis, 100 g	361	1,4	75,6	3,49
Tress Echtes Schwabenkorn Dinkel-Vollkorn Nudeln, 100 g	358	2,1	73,2	5,28
Vollkornnudeln, roh, 100 g	343	3,0	64,0	7,87
Wurzener Kuko Curry Reis, gekocht, 100 g	128	0,3	28,7	2,11
Wurzener Kuko Pilz Reis, gekocht, 100 g	129	0,3	28,6	2,09
Wurzener Kuko Tomaten Reis, gekocht, 100 g	129	0,2	28,5	1,40
Wurzener Langkorn Reis, roh, 100 g	347	0,6	78,4	1,56
Gemüse und Hülsenfrüchte				
Austernpilz, 100 g	11	0,1	0,0	8,18
Blumenkohl, roh, 100 g	22	0,3	2,3	12,27
Bohne, weiß, trocken, 100 g	301	1,4	47,8	4,19
Bohnen, grün, roh, 100 g	26	0,2	5,3	6,92

Lebensmittel, Menge (essbarer Anteil)	Energie (kcal)	Fett (g)	Kohlen-hydrate (g)	kcal aus Fett (%)
Brokkoli, roh, 100 g	26	0,2	2,8	6,92
Champignon, frisch, 100 g	15	0,2	0,7	12,00
Champignon, in Dosen, 100 g	16	0,5	0,6	28,13
Chinakohl, roh, 100 g	12	0,3	1,3	22,50
Erbse, trocken, 100 g	342	1,3	56,7	3,42
Erbsen, grün, roh, 100 g	70	0,4	12,6	5,14
Feldsalat, 100 g	14	0,3	0,7	19,29
Frosta Bioland Junge Brechbohnen, 100 g	35	0,3	5,7	7,71
Frosta Bioland Junge Erbsen, 100 g	86	0,7	14,2	7,33
Frosta Bioland Karotten, 100 g	28	0,3	5,5	9,64
Grünkohl, 100 g	37	0,8	3,0	19,46
Gurken, roh, 100 g	12	0,2	2,1	15,00
Hengstenberg Mildessa Weinsauerkraut, 100 g	17	0,1	2,7	5,29
Kartoffel, roh, 100 g	70	0,1	15,4	1,29
Kidneybohnen, 100 g	308	3,3	50,0	9,64
Kohlrabi, roh, 100 g	24	0,1	3,9	3,75
Kopfsalat, 100 g	12	0,2	1,1	15,00
Kühne Cornichons, 100 ml	27	0,3	4,5	10,00
Kühne Feine Gürkchen, 100 ml	43	0,2	9,0	4,19
Kühne Rote Beete, 100 g	62	0,2	14,0	2,90
Kühne Sauerkraut, mild, 100 g	26	0,3	4,5	10,38
Linse, trocken, 100 g	325	1,3	52,0	3,60
Möhren, roh, 100 g	25	0,2	4,9	7,20
Müllers Mühle gelbe Schälerbsen, 100 g	262	1,3	42,3	4,47
Müllers Mühle grüne Erbsen, 100 g	272	1,4	41,2	4,63
Müllers Mühle Kichererbsen, 100 g	275	3,4	41,2	11,13
Müllers Mühle Linsen, 100 g	314	1,4	52,0	4,01
Müllers Mühle Perlgraupen, 100 g	303	1,4	62,2	4,16
Paprika, roh, 100 g	20	0,3	3,2	13,50
Pfanni Kartoffelpüree, 100 g	336	1,0	73,0	2,68
Pfefferschote, Peperoni, 100 g	20	0,6	0,7	27,00
Pfifferling, frisch, 100 g	11	0,4	0,2	32,73

Lebensmittel, Menge (essbarer Anteil)	Energie (kcal)	Fett (g)	Kohlen-hydrate (g)	kcal aus Fett (%)
Porree, 100 g	25	0,3	3,2	10,80
Rettich, 100 g	13	0,1	1,9	6,92
Rosenkohl, roh, 100 g	36	0,3	3,8	7,50
Rotkohl, roh, 100 g	21	0,2	3,5	8,57
Schneekoppe Sellerie-Salat in Streifen, 100 g	19	0,0	4,0	0,00
Spinat, roh, 100 g	15	0,3	0,6	18,00
Stangensellerie, 100 g	15	0,0	2,0	0,00
Tomaten in Dosen, 100 g	19	0,2	3,6	9,47
Tomaten, roh, 100 g	17	0,2	3,5	10,59
Tomatenmark, 100 g	39	0,5	5,5	11,54
Weißkohl, roh, 100 g	24	0,2	4,2	7,50
Wirsing, roh, 100 g	25	0,3	2,4	10,80
Zucchini, 100 g	19	0,4	2,1	18,95
Zwiebel, roh, 100 g	28	0,2	5,8	6,43
Obst und Obstprodukte				
Ananas, in Dosen, 100 g	84	0,2	20,2	2,14
Apfel, 100 g	55	0,3	12,4	4,91
Apfelmus, 100 g	79	0,1	19,3	1,14
Apfelsine, roh, 100 g	42	0,2	9,2	4,29
Aprikosen, getrocknet, 100 g	247	0,5	55,7	1,82
Aprikosen, In Dosen, 100 g	75	0,1	18,1	1,20
Banane, roh, 100 g	92	0,2	21,4	1,96
Birne, in Dosen, 100 g	77	0,1	18,7	1,17
Birne, roh, 100 g	55	0,3	12,7	4,91
Dattel, getrocknet, 100 g	278	0,5	66,3	1,62
Erdbeere, roh, 100 g	33	0,4	6,5	10,91
Heidelbeeren, in Dosen, o. Z., 100 g	24	0,4	4,8	15,00
Heidelbeeren, roh, 100 g	37	0,5	7,4	12,16
Himbeere, in Dosen, o. Z., 100 g	26	0,7	5,5	24,23
Kirschen, im Glas, 100 g	82	0,2	19,5	2,20
Mandarinen, roh, 100 g	46	0,3	10,1	5,87

Lebensmittel, Menge (essbarer Anteil)	Energie (kcal)	Fett (g)	Kohlenhydrate (g)	kcal aus Fett (%)
Nektarine, roh, 100 g	53	0,0	12,4	0,00
Pfirsich, in Dosen, 100 g	69	0,1	16,5	1,30
Pflaume, in Dosen, 100 g	75	0,1	18,1	1,20
Pflaumen, getrocknet, 100 g	227	0,5	53,2	1,98
Pflaumen, roh, 100 g	50	0,2	11,4	3,60
Weintrauben, roh, 100 g	70	0,3	16,1	3,86
Zitrone, roh, 100 g	41	0,5	8,1	10,98
Fleisch und Fleischwaren				
Abraham Bündner Fleisch, 100 g	213	5,0	1,0	21,13
Abraham Edelschinken Premium superfein gewürfelt, 100 g	114	2,0	1,0	15,79
Abraham Katenschinken Premium gewürfelt, 100 g	114	2,0	1,0	15,79
Abraham Leichter Genuss geräuchert, 100 g	139	3,0	1,0	19,42
Hackfleisch, 100 g	216	14,0	0,0	58,33
Hoppe Gemüse-Minifrikadellen, 100 g	124	4,1	15,8	29,76
Hoppe Rindfleisch Minis, 100 g	125	2,1	7,3	15,12
Lende, 100 g	130	4,5	0,0	31,15
Reinert Aktifit Barbecue-Truthahnbrust, gegrillt, 100 g	106	2,0	1,0	16,98
Reinert Aktifit Hähnchenbrustfilet in Gelee, 100 g	83	0,5	2,5	5,42
Reinert Aktifit Putenfleisch in Aspik mit Bärlauch, 100 g	83	2,0	2,5	21,69
Reinert Aktifit Schinken in Aspik mit Champignons, 100 g	96	2,0	2,5	18,75
Rinder-Braten aus der Keule, 100 g	119	3,5	0,0	26,47
Rinder-Filet-Steak, 100 g	121	4,0	0,0	29,75
Rinder-Leber, 100 g	113	3,1	1,7	24,69
Rinder-Steak aus der Hüfte, 100 g	109	2,4	0,0	19,82
Rindfleisch, mager, Hüfte, Wade, 100 g	108	2,4	0,0	20,00
Rump-Steak, 100 g	121	4,0	0,0	29,75
Schweine-Filet, 100 g	106	2,0	0,0	16,98
Schweine-Gulasch aus dem Schinken, 100 g	106	2,0	0,0	16,98
Schweine-Minuten-Schnitzel aus der Oberschale, 125 g	132	2,5	0,0	17,05
Schweine-Schinken-Braten aus der Hüfte, 125 g	125	1,9	0,0	13,68
Schweine-Schinken-Braten aus der Nuss, 100 g	93	1,0	0,0	9,68

Lebensmittel, Menge (essbarer Anteil)	Energie (kcal)	Fett (g)	Kohlen-hydrate (g)	kcal aus Fett (%)
Schweine-Schnitzel aus der Oberschale, 100 g	106	2,0	0,0	16,98
Tatar, 100 g	113	3,0	0,0	23,89
Tulip Gourmetti Putenbrustfilet Classic, 100 g	110	2,0	2,0	16,36
Milch und Milchprodukte				
Arla Delite Scheiben 5 % Fett absolut, 100 g	188	5,0	1,5	23,94
Loose Bauernhandkäse, 100 g	115	0,3	0,3	2,35
Loose Bauernhandkäse mit Edelschimmel, 100 g	115	0,2	0,1	1,57
Loose Bauernhandkäse mit Edelschimmel und Pfeffer, 100 g	113	0,5	0,1	3,98
Loose Kochkäse 10 %, 100 g	95	2,7	0,0	25,58
Loose Kochkäse 10 %, 100 g	95	2,7	0,0	25,58
Loose Frühstückskäse, 100 g	113	0,4	0,0	3,19
Loose Goldstange, 100 g	113	0,5	0,0	3,98
Loose Großvaters Sorte, 100 g	113	0,4	0,5	3,19
Loose Hausmacher Handkäse, 100 g	121	0,2	0,1	1,49
Loose Kümmelstange, 100 g	113	0,5	0,1	3,98
Loose Leicht & Fit, 100 g	116	0,5	0,0	3,88
Loose Olmützer Quargel, 100 g	113	0,4	0,5	3,19
Loose Roller Purer Genuss, 100 g	113	0,5	0,1	3,98
Müller Michreis Leicht Himbeer, 100 g	112	0,9	12,8	7,23
Müller Milchreis der Große Pur (ohne Frucht), 100 g	110	2,6	18,0	21,27
Müller Milchreis Leicht Erdbeer, 100 g	73	0,9	12,8	11,10
Müller Milchreis Leicht Schoko, 100 g	73	1,0	12,0	12,33
Müller Milchreis Original Heidelbeer, 100 g	113	2,2	20,6	17,52
Müller Milchreis Original Pur (ohne Frucht), 100 g	105	2,1	17,2	18,00
Müller Milchreis Original Schoko, 100 g	112	2,6	19,0	20,89
Müller Milchreis Original Vanillegeschmack, 100 g	107	2,5	17,8	21,03
Müller Milchreis Original Zimt, 100 g	111	2,4	19,3	19,46
Nestle Coffee-mate, Kaffeeweißer, 100 g	464	17,0	75,0	32,97
Nestle Doppeldecker Vanille mit Himbeersoße, 100 g	108	1,6	20,8	13,33
Nestle Doppeldecker Waldmeister mit Vanillesoße, 100 g	93	0,8	19,2	7,74
Nestle LC1 Diät 1,4 % Vanilla Ananas, 100 g	67	1,3	8,7	17,46

Lebensmittel, Menge (essbarer Anteil)	Energie (kcal)	Fett (g)	Kohlen-hydrate (g)	kcal aus Fett (%)
Nestle LC1 Diät 1,4% Vanilla Pfirsich-Maracuja, 100 g	67	1,3	8,7	17,46
Nestle LC1 Drink Orange 0,9%, 100 g	70	1,0	13,0	12,86
Nestle LC1 Kirsche 1,5%, 100 g	93	1,6	14,4	15,48
Nestle LC1 Waldfrucht 0,1% Fett, 100 g	88	0,1	17,3	1,02
Nestle LC1 Waldfrucht 1,5%, 100 g	100	1,6	16,8	14,40
Puddis Gugelhupf Schokoladenpudding m. Vanillesoße, 100 g	99	2,2	17,0	20,00
Puddis Gugelhupf Toffee m. Sahnesoße, 100 g	118	2,8	21,0	21,36
Puddis Gugelhupf Vanille m. Schoko, 100 g	118	3,6	19,0	27,46
Puddis Schokopudding mit Vanillesoße, 100 g	115	3,5	18,0	27,39
Ravensburger Milchreis pur, 100 g	99	1,8	17,9	16,36
Wellen Gutland Bio Milchreis Apfel-Zimt, 100 g	350	0,5	82,5	1,29
Wellen Gutland Bio Milchreis Vanille, 100 g	356	0,4	84,4	1,01
Zott Gourmet Pudding Diät Schoko, 100 g	65	1,5	9,6	20,77
Zott Gourmet Pudding Schoko, 100 g	112	3,1	18,0	24,91
Zott Gourmet Pudding Vanille, 100 g	104	3,0	16,4	25,96
Zott Jogolé + Knusper, 100 g	112	1,5	20,5	12,05
Zott Jogolé Fuchtjoghurt 0,1% Fett (versch. Sorten), 100 g	69	0,1	13,0	1,30
Zott Jogolé Molkedrink 0,1% Fett (verschiedene Sorten), 100 ml	59	0,1	12,7	1,53
Zott Jogolé Molkedrink ACE, 100 ml	59	0,1	12,7	1,53
Zott Starfrucht, 100 g	98	2,7	15,3	24,80
Gebäck, Knabbereien & Süßigkeiten				
Frigeo Puffreis, 100 g	350	0,9	80,0	2,31
Griesson 1 + 2 = 3 Russisch Brot, 100 g	389	1,0	88,0	2,31
Gutena Filinchen Brot-Cracker, Knoblauch, 100 g	397	6,8	75,7	15,42
Gutena Filinchen Brot-Cracker, Kräuter, 100 g	402	7,1	72,0	15,90
Gutena Filinchen Brot-Cracker, Zwiebel, 100 g	394	6,9	74,6	15,76
Haribo Erdbeeren, 100 g	355	0,0	85,4	0,00
Haribo Goldbären, 100 g	340	0,0	78,0	0,00
Haribo Happy-Cola, 100 g	340	0,0	78,0	0,00
Haribo Konfekt, 100 g	362	5,9	74,5	14,67
Haribo Mao Mix, 100 g	385	5,7	82,1	13,32

Lebensmittel, Menge (essbarer Anteil)	Energie (kcal)	Fett (g)	Kohlen-hydrate (g)	kcal aus Fett (%)
Haribo Maoam Stripes, 100 g	387	6,2	82,4	14,42
Haribo Schnecken, 100 g	294	0,0	68,0	0,00
Katjes Jogger Gums, 100 g	333	0,2	77,0	0,54
Katjes Katzen Pfötchen, 100 g	342	0,2	84,0	0,53
Katjes Salzige Heringe, 100 g	345	0,1	80,0	0,26
Katjes Saure Johannisbeeren, 100 g	328	0,2	77,0	0,55
Katjes Saure Kirschen, 100 g	329	0,2	77,0	0,55
Katjes Tropen-Früchte, 100 g	337	0,2	79,0	0,53
Katjes Vita Cola, 100 g	329	0,1	73,0	0,27
Katjes Yoghurt Bontjes, 100 g	375	0,0	93,0	0,00
Katjes Yoghurt Tropicale, 100 g	322	0,4	78,0	1,12
Katjes Yoghurt-Gums, 100 g	320	0,4	77,0	1,13
Masterfoods Milky Way, 100 g	440	14,1	74,0	28,84
Nappo mit Haselnüssen und Puffreis, klein, 100 g	416	10,1	78,6	21,85
Nappo Riesen mit Haselnüssen und Puffreis, 100 g	410	8,6	80,8	18,88
Nestle After Eight, 100 g	423	13,0	74,0	27,66
Nestle After Eight Any Time, 100 g	425	12,1	77,7	25,62
Nestle Nesquik Schoko-Sirup, 100 g	275	1,0	64,0	3,27
Nestle Nutrel Dyna Plus Apfel, 100 g	300	3,9	59,9	11,70
Nestle Nutrel Dyna Plus Aprikose, 100 g	303	4,0	59,9	11,88
Nestle Nutrel Dyna Plus Schoko, 100 g	340	10,3	54,0	27,26
Nestle Smarties Fruity, 100 g	375	0,0	90,0	0,00
SCHIPPS – Paprika, 100 g	438	14,0	73,0	28,77
SCHIPPS – salted, 100 g	438	14,0	73,0	28,77
Seeberger Reis-Gebäck Japan-Mix Katana, 100 g	397	4,8	79,3	10,88
Seeberger Reis-Gebäck Japan-Mix Kenkoo, 100 g	374	2,6	78,2	6,26
Seeberger Reis-Gebäck Japan-Mix Matsuri, 100 g	382	0,4	84,6	0,94
Storck Super Dickmann's, 100 g	366	9,0	68,0	22,13
Weiss Magenbrot, 100 g	357	1,5	80,2	3,78
XOX Apfelchips, 100 g	300	0,9	72,0	2,70
XOX Big Stixx Pfeffer, 100 g	408	4,9	75,6	10,81
XOX Big Stixx Sesam, 100 g	417	8,2	73,5	17,70

Lebensmittel, Menge (essbarer Anteil)	Energie (kcal)	Fett (g)	Kohlen-hydrate (g)	kcal aus Fett (%)
XOX Big Stixx Zwiebeln, 100 g	402	4,9	74,5	10,97
Zentis Echt Zentis Marzipan Brot, 100 g	435	16,5	67,0	34,14
Speiseeis				
Dr. Oetker Schatztruhe 12 Eis-Piraten, 100 g	305	7,0	22,1	20,66
Langnese Cremissimo Eiskompositionen Banana Split, 100 g	216	7,2	34,8	30,00
Langnese Cremissimo Geniesserfrüchte Erdbeer, 100 g	176	4,6	31,8	23,52
Langnese Cremissimo Geniesserfrüchte Pfirsich-Maracuja, 100 g	164	4,7	28,3	25,79
Langnese Cuja Mara Split, 0 g	96	3,2	16,4	30,00
Langnese Happen, 0 g	89	3,6	12,0	36,40
Langnese Konfekt, 0 g	227	17,2	16,4	68,19
Langnese Magnum Classic, 0 g	282	17,3	27,4	55,21
Langnese Magnum Mandel, 0 g	316	20,4	28,0	58,10
Langnese Magnum Sandwich, 0 g	301	17,0	31,0	50,83
Langnese Magnum Weiss, 0 g	285	17,1	28,8	54,00
Langnese Mini Milk Erdbeer, 0 g	35	1,1	5,1	28,29
Langnese Mini Milk Schokolade, 0 g	32	0,8	5,0	22,50
Langnese Mini Milk Vanille, 0 g	33	0,7	5,4	19,09
Langnese Nogger Choc, 0 g	308	23,9	20,5	69,84
Langnese Nogger Original, 0 g	225	15,0	19,0	60,00
Langnese Solero Exotic, 0 g	106	2,9	18,5	24,62
Langnese Solero Red Fruits, 75 g	100	2,2	18,8	19,80
Nestle Chococino, mit Wasser zubereitet, 100 g	82	1,8	15,5	19,76
Nestle Motta Carioca, 100 ml	109	3,2	18,9	26,42
Nestle Motta Extreme Joghurt Frutti Rossa, 100 ml	147	4,2	25,8	25,71
Nestle Motta Wellness-Becher Vanille-Schokolade, 100 ml	68	0,8	15,0	10,59
Nestle Nescafe Creme, 100 g	32	0,8	5,0	22,50
Nestle Nescafe Typ Cappucino, Amaretto, 100 g	40	0,7	6,7	15,75
Nestle Nescafe Typ Cappucino, Vanilla, 100 g	40	0,8	6,7	18,00
Nestle Nescafe X-press black, 1 Dose, 100 ml	24	0,0	6,0	0,00
Schöller Kaktus, 100 g	139	2,6	27,7	16,83

Lebensmittel, Menge (essbarer Anteil)	Energie (kcal)	Fett (g)	Kohlen-hydrate (g)	kcal aus Fett (%)
Schöller load!, 100 g	180	5,6	30,5	28,00
Schöller Manhattan 1 l Lemon Vanilla, 100 g	150	3,4	27,2	20,40
Schöller Manhattan Freezer Cherry, 100 g	160	4,0	28,2	22,50
Schöller Manhattan Multipackung Freezer Kirsche, 100 g	160	4,0	28,3	22,50
Schöller Manhattan Multipackung Freezer Orange, 100 g	136	4,1	22,7	27,13
Schöller Manhattan Multipackung Ice Tea Pfirsich, 100 g	101	0,1	24,4	0,89
Schöller Manhattan Multipackung Mini's Erdbeer, 100 g	161	5,0	26,4	27,95
Getränke				
Altbier, 250 ml	100	0,0	7,0	0,00
Apfelsaft, 100 g	57	0,0	11,7	0,00
Apfelsine, Saft, frisch, 100 g	46	0,2	9,4	3,91
Apfelsine, Saft, Handel, o.Z., 100 g	44	0,2	9,0	4,09
becker's bester Kirsch-Fruchtsaftgetränk, 100 g	56	0,1	13,0	1,61
becker's bester roter Traubensaft, 100 g	66	0,1	15,6	1,36
Paradise fresh Multivitaminsaft Direktsaft, 100 ml	63	0,0	11,5	0,00
Paradise fresh Orangensaft Direktsaft, 100 ml	46	0,2	9,4	3,91
Pils, 250 ml	105	0,0	8,0	0,00
Rotwein, 125 ml	95	0,0	3,0	0,00
Sekt, halbtrocken, 100 ml	90	0,0	4,0	0,00
Weißwein, 125 ml	85	0,0	3,0	0,00
Nüsse, Samen und Öle				
Diätmargarine, 100 g	746	76,0	0,2	91,69
Distelöl, 100 g	899	94,9	0,0	95,01
Halbfettmargarine, 100 g	381	38,0	0,4	89,76
Haselnuss, 100 g	643	61,0	11,4	85,38
Mandel, 100 g	599	54,0	9,3	81,14
Olivenöl, 100 g	926	94,6	0,0	91,94
Pistazienkerne, 100 g	598	51,6	17,5	77,66
Sonnenblumenöl, 100 g	928	94,8	0,0	91,94

Register

Bibliografische Information

Die Deutsche Bibliothek
Die Deutsche Bibliothek verzeichnet diese Publikation in der Deutschen Nationalbibliografie; detaillierte bibliografische Daten sind im Internet über http://dnb.ddb.de abrufbar.

Wichtiger Hinweis
Die im Buch veröffentlichten Ratschläge wurden mit größter Sorgfalt von Verfassern und Verlag erarbeitet und geprüft. Eine Garantie kann jedoch nicht übernommen werden. Ebenso ist eine Haftung der Verfasser bzw. des Verlages und seiner Beauftragten für Personen-, Sach- oder Vermögensschäden ausgeschlossen.

Projektleitung: Kathrin Gritschneder
Redaktion: Petra Hirscher, Dagmar Schmohl
Herstellung: Dagmar Guhl
Fotos: Freisteller: Verlag; Klaus Arras: Seiten 4, 5 oben und mitte, 8/9, 20–83; Brigitte Sporrer: Seiten 5 unten, 84–135;
Umschlagfoto: Klaus Arras
Umschlag: Daniela Meyer
Satz: Wilhelm Vornehm, München
Reproduktion: Repro Ludwig, A-Zell am See

Druck und Bindung: Druckerei Uhl, Radolfzell am Bodensee
Printed in Germany

ISBN 13: 978-3-426-64381-5
ISBN 10: 3-426-64381-2

5 4 3 2 1

Gedruckt auf elementar chlorfrei gebleichtem Papier

GO! FETT
max. 30% der Gesamtkalorien aus Fett

Besuchen Sie uns im Internet:
www.knaur-ratgeber.de

Weitere kulinarische Titel finden Sie im Internet unter:
www.genussvoll-leben.de

SIE LEGEN JETZT LOS?
WOLLEN IHRE ZIELE MIT LOW FETT 30 SCHAFFEN?

Schauen Sie doch mal ins Internet und besuchen Sie unsere Homepage, hier bekommen Sie Rat und Hilfe, oft schon nach wenigen Minuten. Da finden Sie weitere Bücher zum Thema oder begleitende Artikel wie unsere Hypnose-CD und auch Küchenartikel wie die Dauer-Brat- und Backfolie zum fettfreien, knusprigen Braten. Über unsere verschiedenen Foren können Sie Gleichgesinnte treffen … vielleicht ist der nächste LOW FETT 30-Stammtisch ja ganz in Ihrer Nähe. **Wir freuen uns auf Sie.**

> Mehr über LOW FETT 30 > Tipps und Tricks > Frage-Antwort-Foren > Bücher, Rezepte und noch viel mehr

www.lowfat.de

LOW FETT 30-GmbH & Co. KG
Volksgartenstr. 85
41065 Mönchengladbach
fon: 02161 47957-0 fax: 02161 47957-77

LOW 30 FETT
max. 30% der Gesamtkalorien aus Fett